100

100 faszinierende Tatsachen

DER MENSCHLICHE KÖRPER

100

100 faszinierende Tatsachen

DER MENSCHLICHE KÖRPER

Steve Parker

Wissenschaftliche Mitarbeit: Dr. Kristina Routh

Übersetzt von Wiebke Krabbe

XENOS

DANKSAGUNG

Der Herausgeber dankt den folgenden Künstlern für ihre Mitarbeit an diesem Buch:

Syd Brak
Mike Foster / Maltings Partnership
Janos Marffy
Martin Sanders
Mike Saunders
Rudi Vizi

Cartoons von Mark Davis / Mackerel

ISBN 3-8212-2690-0

Am Hehsel 40, 22339 Hamburg
Satz: Rüdiger Mohrdieck
Die Originalausgabe erschien 2003 bei
Miles Kelly Publishing Ltd,
Bardfield Centre, Great Bardfield, Essex, CM7 4SL
unter dem Titel
100 things you should know about The Human Body

Printed in Italy

Inhalt

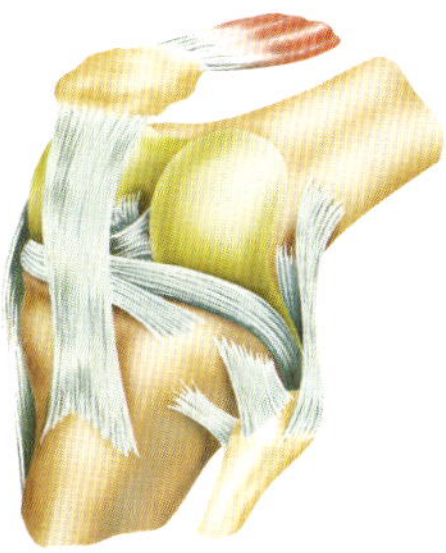

Außen und innen 6
Es fängt klein an 8
Größer werden 10
Die Haut 12

Haare und Nägel 14
Das Knochengerüst 16
Gelenke 18
Wenn Muskeln ziehen 20

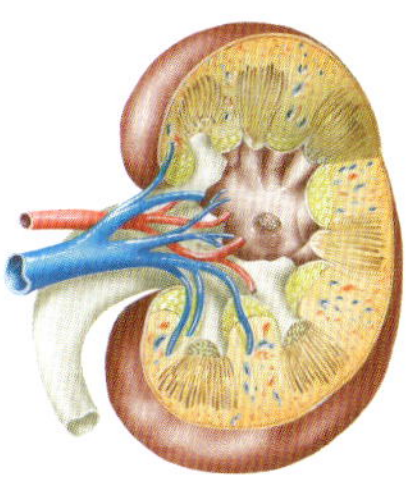

Muskelkraft 22
Atmen und sprechen 24
Die Lunge 26

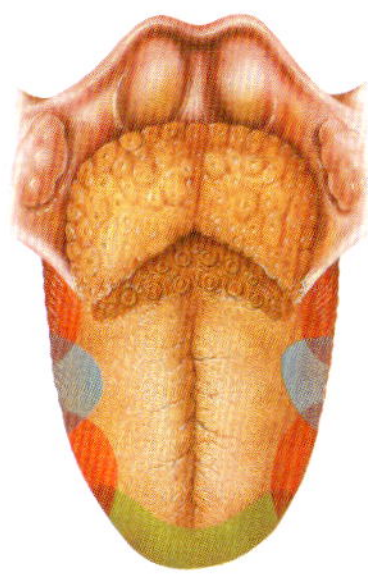

Essen ist wichtig 28
Beißen, kauen, schlucken 30
Der lange Weg der Nahrung 32
Das Blut 34

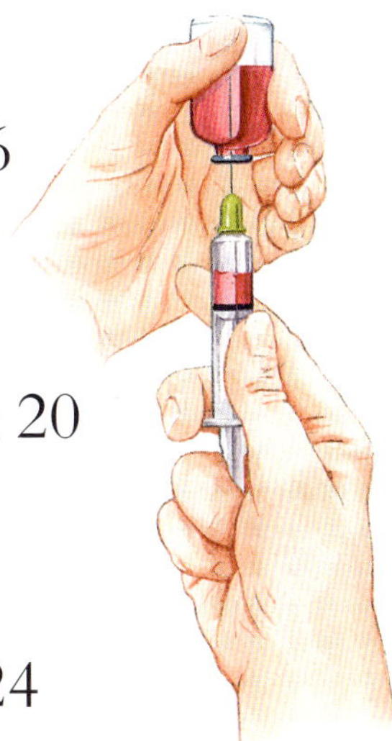

Das Herz 36
Sehen und hören 38
Riechen und schmecken 40
Das Nervensystem 42
Das Gehirn 44
Gesund bleiben 46
Register 48

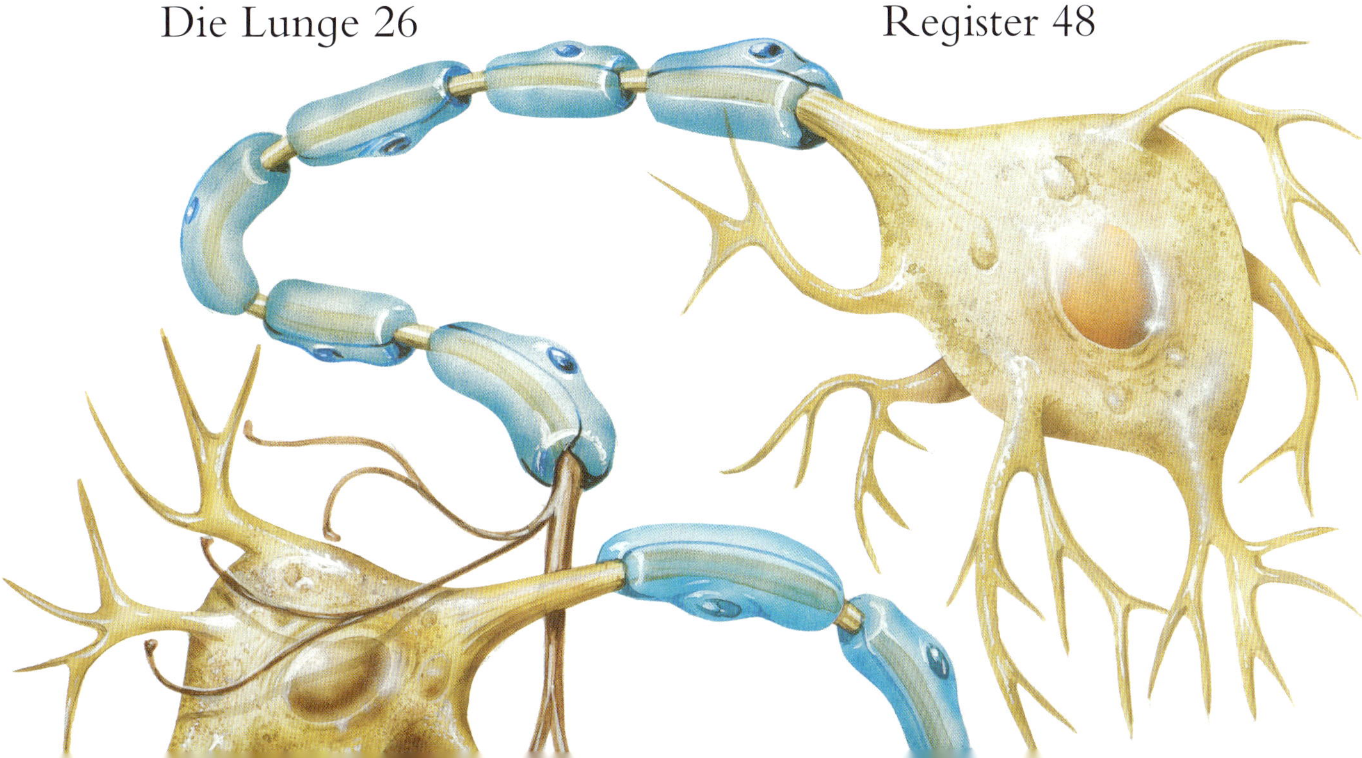

Außen und innen

1 Auf der Welt gibt es mehr als sechs Milliarden Menschen. Wolltest du allen nur ganz kurz Hallo sagen, würde das mehr als 300 Jahre dauern. In gewisser Weise ähneln sich die Körper all dieser Menschen, vor allem im Inneren. Alle haben ein Herz, ein Gehirn, Knochen, Arme, Beine, innere Organe und Haut. Äußerlich unterscheiden sich die Menschen dagegen mehr. Jeder hat sein besonderes Aussehen mit Größe und Figur, Gesichtszügen, Frisur und Kleidung. Und jeder hat eine eigene Persönlichkeit mit Vorlieben, Abneigungen und bestimmten Dingen, die ihn glücklich oder traurig machen. Die Körper aller Menschen sind zwar ähnlich aufgebaut, dennoch ist jeder etwas ganz Einzigartiges.

▶ Wir achten auf die kleinen Unterschiede im Aussehen menschlicher Körper, etwa Größe, Figur, Haarfarbe und Kleidung. So erkennen wir Freunde und Familienmitglieder.

Es fängt klein an

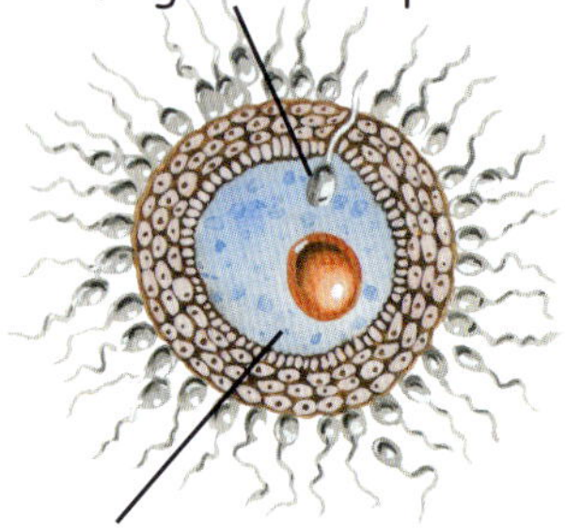

2 Ein ausgewachsener menschlicher Körper

Ein ausgewachsener menschlicher Körper besteht aus Milliarden winziger Teilchen, den Zellen. Am Anfang ist ein Mensch aber nur eine einzige Zelle, kleiner als dieser Punkt. Trotzdem enthält diese Zelle schon alle Informationen, um sich zu einem vollständigen Menschen zu entwickeln: die Gene.

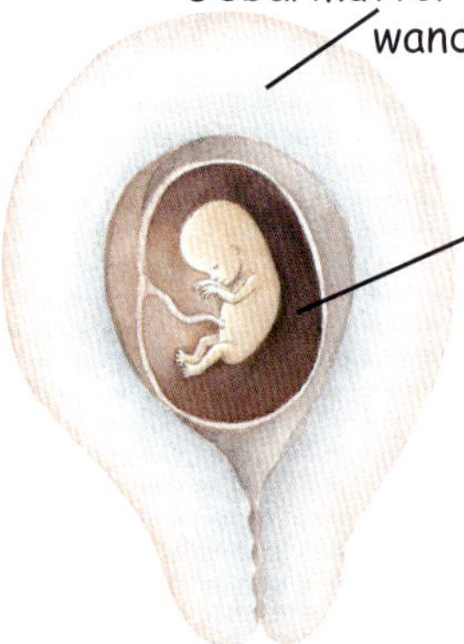

▲ Zwei Monate

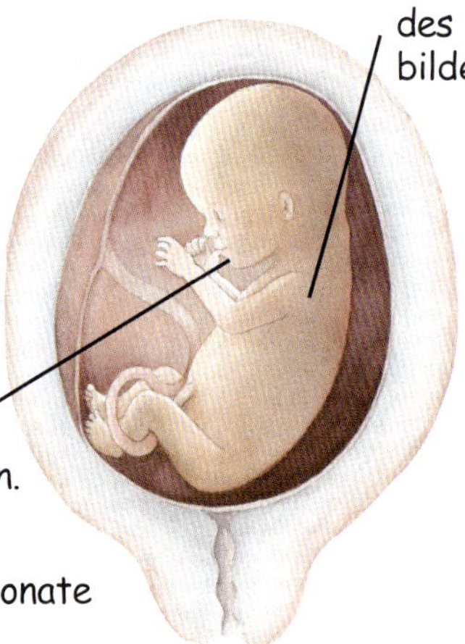

▶ Drei Monate

▶ Tausende von Spermien erreichen die Eizelle (ganz oben), aber nur eines wächst mit ihr zusammen oder befruchtet sie. Damit beginnt das Wachstum eines Babys.

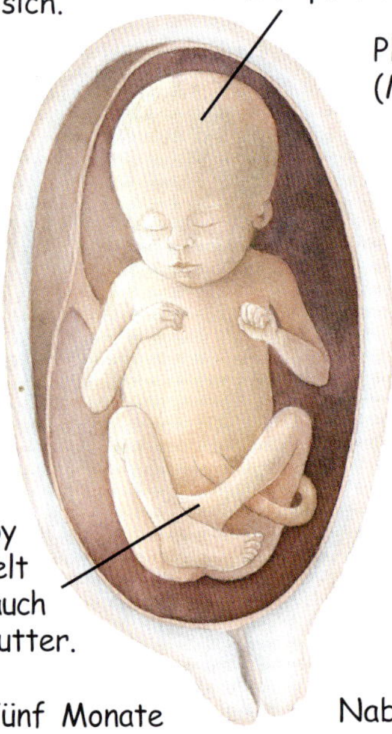

▶ Fünf Monate

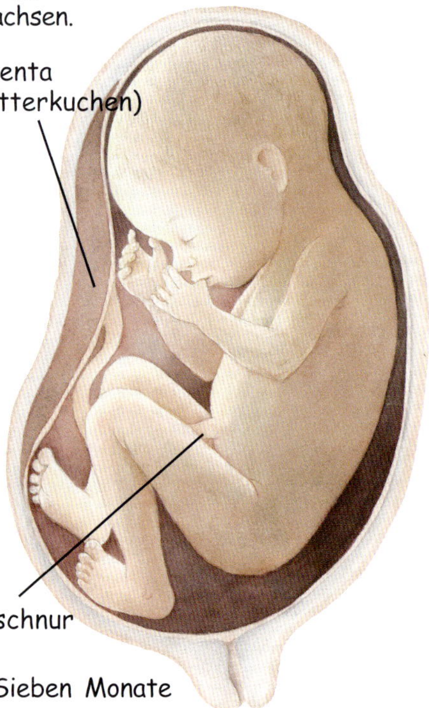

▶ Sieben Monate

3 Ein Mensch entsteht

Ein Mensch entsteht, wenn eine Eizelle im Körper der Mutter mit einem Spermium vom Vater zusammenwächst. Die Eizelle teilt sich in zwei Zellen, daraus werden vier, dann acht und so weiter. Dieses Zellbündel nistet sich in der Gebärmutter der Mutter ein, die es schützt und versorgt. Bald besteht dieses Zellbündel, das man Embryo nennt, aus tausend Zellen, dann aus Millionen. Nach zwei Monaten sieht der Embryo, der so groß wie dein Daumen ist, schon wie ein winziger Mensch aus.

4 Nach neun Monaten

Nach neun Monaten kann das Baby geboren werden. Die starken Muskeln der Gebärmutterwand ziehen sich zusammen und schieben das Baby durch den Gebärmutterhals (Cervix genannt) und den Geburtskanal ans Licht der Welt.

5 Neugeborene Babys schreien fast immer. Vielleicht haben sie Angst. Im Bauch der Mutter ist es warm, feucht, dunkel, ruhig und eng. Und draußen gibt es Lichter, Geräusche, Stimmen, frische Luft und viel Platz. Beim ersten Schreien füllt das Baby seine Lungen mit Luft.

KAUM ZU GLAUBEN!

Der menschliche Körper wächst nie wieder so schnell wie in den ersten Wochen im Mutterleib. Würde er in dem Tempo 50 Jahre lang wachsen, wäre er größer als der höchste Berg der Erde.

▼ Neun Monate

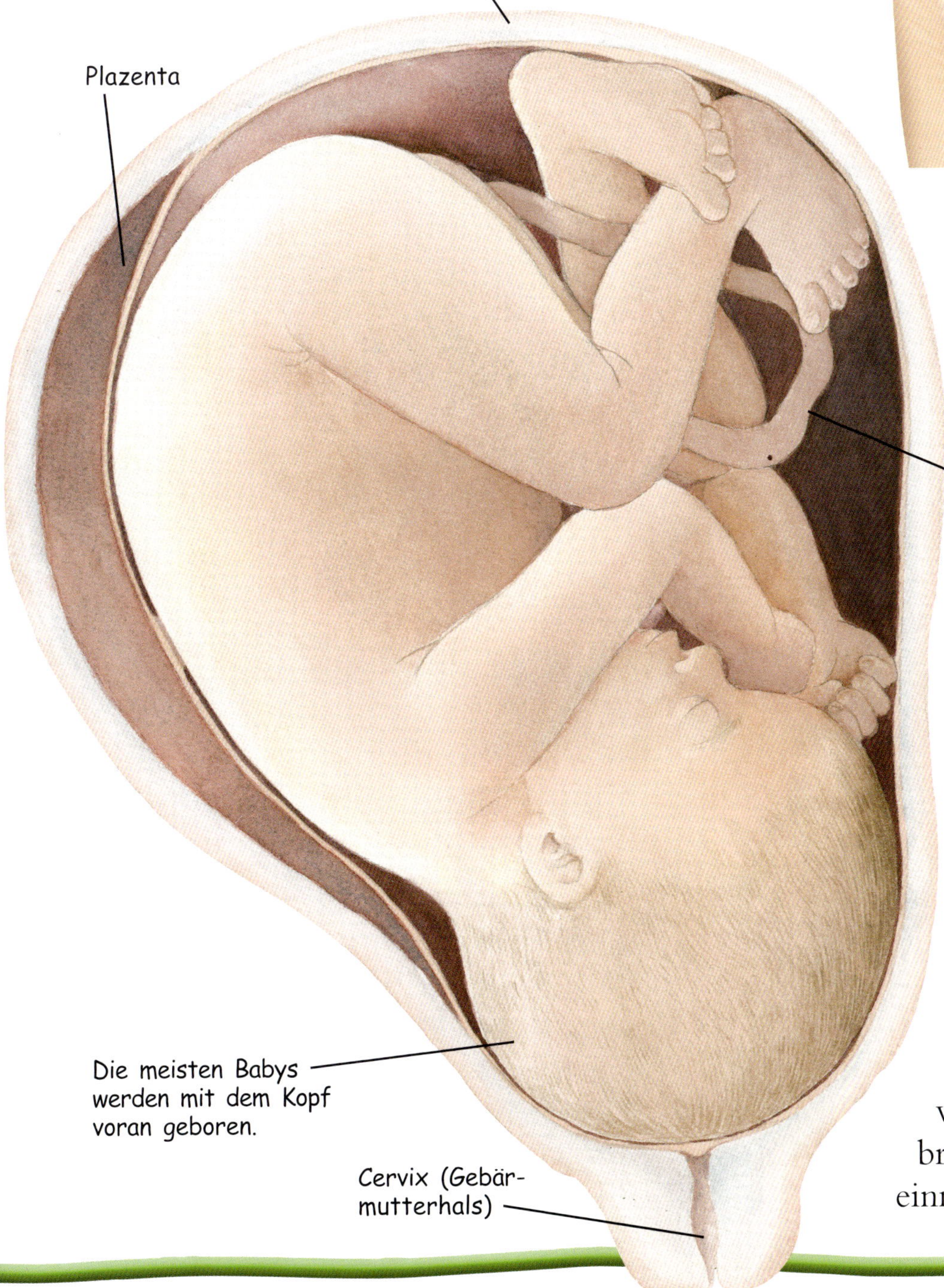

◀ Ein Baby im Mutterleib kann keine Luft atmen und nichts essen. Es bekommt Sauerstoff und Nahrung aus dem Körper der Mutter. Die seilähnliche Nabelschnur ist die Verbindungsleitung.

6 Eine Geburt kann eine Stunde oder auch mehr als einen Tag dauern. Das ist für Mutter und Kind sehr anstrengend. Nach der Geburt ist das Baby hungrig, es trinkt Milch von der Mutter. Und dann brauchen Mutter und Kind erst einmal Ruhe.

Größer werden

7 Ein neugeborenes Baby isst, schläft oder schreit fast nur. Wenn es hungrig ist, trinkt es Milch. Wenn es müde ist, schläft es. Und wenn es zu warm oder zu kalt ist oder die Windeln nass sind, schreit es.

8 Ein neugeborenes Baby ist nicht völlig hilflos. Es kann manche Dinge von Geburt an tun, die zum Überleben wichtig sind. Berührt etwas die Wange des Babys, dreht es seinen Kopf und versucht zu saugen. Hört es ein lautes Geräusch, öffnet es die Augen weit, breitet die Arme aus und schreit um Hilfe. Und berührt etwas die Handfläche des Babys, greift es fest zu. Diese Verhaltensweisen nennt man Reflexe.

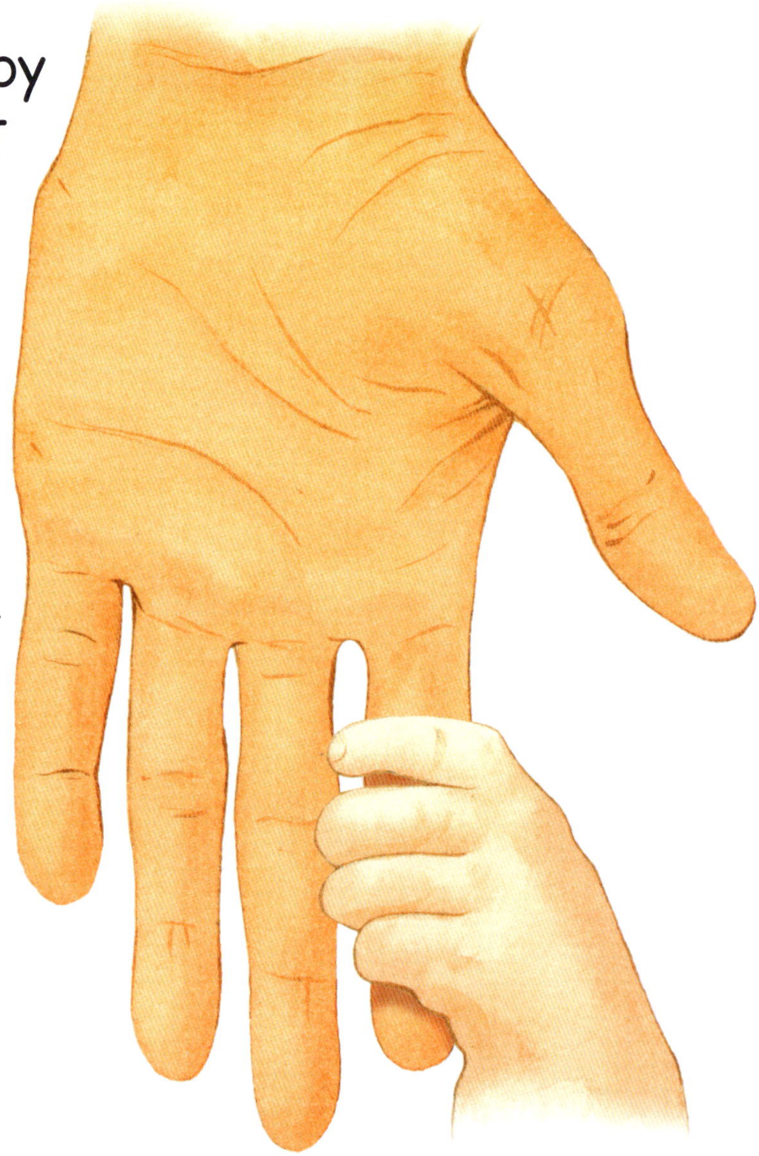

▲ Berührt etwas die Handfläche eines Babys, greift es zu, und zwar verblüffend fest. Das nennt man den Greifreflex.

9 Ein neugeborenes Baby sieht, hört und fühlt – und lernt schnell. Bald kann es Stimmen, Gesichter und Orte erkennen. Nach etwa sechs Wochen beginnt es zu lächeln. Das Gehirn eines Babys lernt sehr schnell. Das Baby weiß: Wenn es lächelt, lächeln die Menschen auch. Und wenn es schreit, kommt jemand, um nach ihm zu sehen.

WAS PASSIERT WANN?

Fast alle Babys lernen die folgenden Dinge in einer bestimmten Reihenfolge. Kennst du sie?

gehen, krabbeln, sich umdrehen, sitzen, lächeln, stehen

Antworten: lächeln, sich umdrehen, sitzen, krabbeln, stehen, gehen

▼ Die meisten Babys krabbeln, bevor sie laufen. Manche rutschen auch nur auf dem Po umher, ehe sie aufstehen.

10 **Mit etwa drei Monaten können die meisten Babys gezielt nach etwas greifen und sich im Liegen vom Bauch auf den Rücken drehen.** Mit neun Monaten krabbeln die meisten Babys, einige können schon stehen. Und um den ersten Geburtstag herum lernen viele Babys laufen und sprechen.

11 **Mit etwa 18 Monaten wird aus dem Baby ein Kleinkind.** Jetzt lernt es jeden Tag etwa zehn neue Wörter, wie „Katze“ und „Hund“, „Sonne“ und „Mond“. Es lernt das Stapeln von Bausteinen, übt einen Ball zu schießen oder zu werfen, mit einem Löffel zu essen und auf Papier zu kritzeln.

12 **Mit sechs Jahren kommen die meisten Kinder in die Schule.** Noch immer lernen sie sehr viel. Dazu gehört das Denken, aber auch Fähigkeiten wie Zählen oder Lesen und genaue Bewegungen beim Schreiben und Malen. Auch außerhalb der Schule lernen Kinder, zum Beispiel mit Freunden zu spielen und zu teilen.

▶ Spielen macht Spaß. Gleichzeitig lernen Kinder dabei, die Muskeln in ihrem schnell wachsenden Körper zu beherrschen.

Die Haut

13 Die Oberfläche der Haut besteht aus winzigen Zellen, die sich mit einer harten, zähen Substanz gefüllt haben (Keratin genannt) und dann abgestorben sind. Diese „toten“ Zellen werden beim Bewegen, Waschen und Abtrocknen abgerieben.

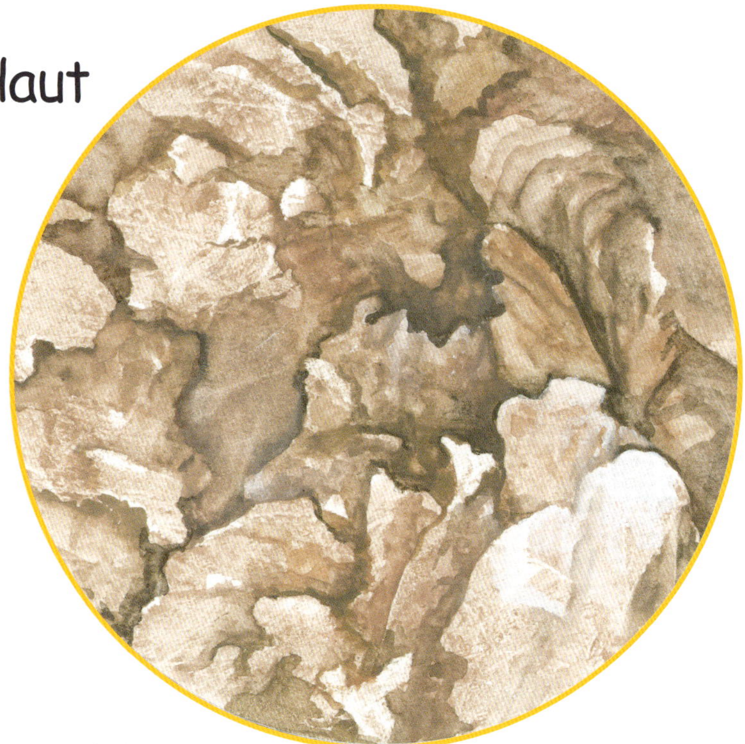

▲ Haut fühlt sich glatt an, doch ihre Oberfläche besteht aus Millionen winziger Schuppen. Sie sind mit bloßem Auge nicht zu erkennen.

14 Haut wird ständig abgerieben und wächst laufend nach. Direkt unter der Oberfläche liegen lebende Zellen, die immer neue Zellen erzeugen. Diese füllen sich langsam mit Keratin, sterben ab und wandern an die Oberfläche. Es dauert etwa vier Wochen, bis eine neu entstandene Hautzelle die Oberfläche erreicht und abgerieben wird. Diese äußere Schicht der Haut nennt man Epidermis.

▼ Diese Zeichnung zeigt Haut in 50facher Vergrößerung.

15 Unter der Epidermis liegt eine dickere Hautschicht, die Dermis. Sie besteht aus winzigen, elastischen, fadenförmigen Fasern, die aus Kollagen bestehen. In der Dermis liegen auch kleine Blutgefäße, winzige Schweißdrüsen und Sensoren, die Berührungen registrieren.

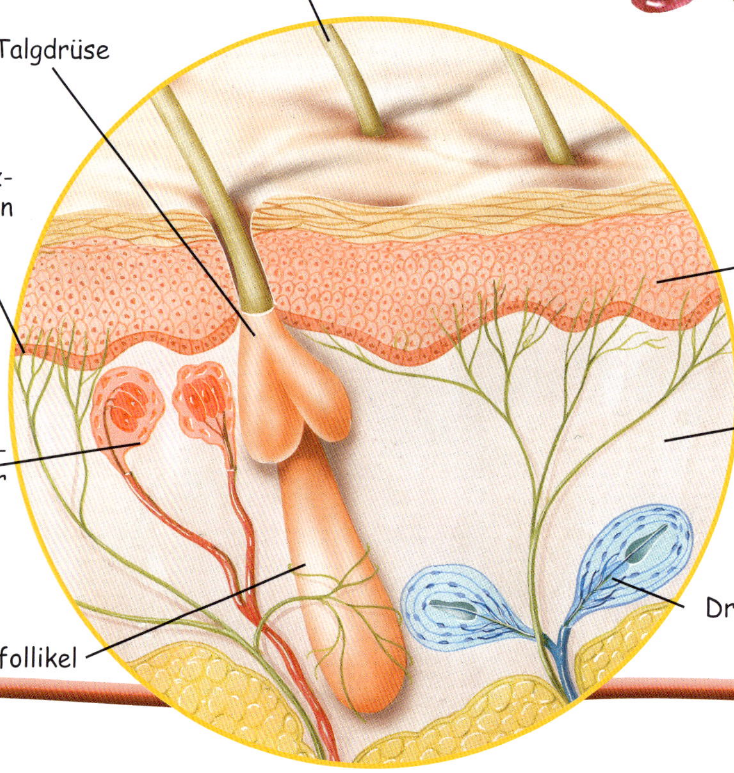

▼ Haut ist robust, aber manchmal braucht sie bei ihrer Aufgabe Hilfe. Wird die Haut verletzt, können auch die Körperteile darunter Schaden nehmen.

16 **Eine wichtige Aufgabe der Haut ist, den Körper zu schützen.** Sie verhindert, dass die empfindlichen Organe im Körperinneren verletzt werden. Sie verhindert auch das Auslaufen von Körperflüssigkeiten und das Eindringen von Keimen.

17 **Die Haut hilft dem Körper, seine Temperatur gleichmäßig zu halten.** Wird es zu warm, breitet sich Schweiß auf der Haut aus, der beim Trocknen den Körper kühlt. Außerdem erweitern sich die Blutgefäße in der unteren Hautschicht, so gibt die Haut mehr Wärme ab. Darum haben Menschen, denen heiß ist, einen roten Kopf.

18 **Die Haut ist für den Tastsinn zuständig.** In der Dermis, der unteren Hautschicht, liegen Millionen winziger Sensoren, die durch Nerven mit dem Gehirn verbunden sind. Unterschiedliche Sensoren fangen verschiedene Reize ein, leichtes Streicheln oder starken Druck, Wärme, Kälte oder Bewegung. Schmerzsensoren melden dem Gehirn Verletzungen der Haut. Autsch!

TASTORGAN HAUT

Du brauchst:

Freund oder Freundin Knetmasse
2 gebrauchte Streichhölzer Lineal

1. Drücke ein Stück Knetmasse auf das Ende eines Lineals. Dann stecke zwei Streichhölzer hinein – aufrecht und mit 1 cm Abstand.
2. Jetzt muss dein Freund wegschauen. Berühre seinen Handrücken mit beiden Streichholzenden und frage: „Fühlst du ein Streichholz oder zwei?“ Empfindliche Haut kann beide Hölzchen fühlen.
3. Probiere es an verschiedenen Stellen aus, etwa am Finger, Handgelenk, Unterarm, Hals oder an der Wange.

Haare und Nägel

19 Auf deinem Kopf hast du ungefähr 120 000 Haare. Dazu kommen noch die Augenbrauen und die Wimpern. Erwachsene haben außerdem Haare unter den Armen und zwischen den Beinen, Männer haben einen Bart. Und alle Menschen haben überall am Körper winzige Härchen.

▼ Haare enthalten farbige Stoffe (Pigmente), vor allem Melanin (dunkelbraun) und etwas Karotin (gelblich). Die Menge der Pigmente und die Art ihrer Verteilung bestimmen die Haarfarbe eines Menschen.

▲ Glatte, rote Haare entstehen durch rotes Melanin in einem runden Follikel.

▼ Schwarze, lockige Haare entstehen durch schwarzes Melanin in einem flachen Follikel.

▲ Blonde, wellige Haare entstehen durch Karotin in einem ovalen Follikel.

▶ Glatte, schwarze Haare entstehen durch schwarzes Melanin in einem runden Follikel.

20 Jedes Haar wächst aus einer Vertiefung in der Haut, dem Follikel. Nur an seiner Wurzel am Grund des Follikels ist das Haar lebendig und wächst. Der Rest des Haares besteht, wie die Oberfläche der Haut, aus hartem, zähem, abgestorbenem Keratin. Die Haare, vor allem die dickeren und längeren, schützen den Körper. Bei Kälte halten sie ihn warm.

21 Die Kopfhaare wachsen in der Woche durchschnittlich 3 Millimeter. Augenbrauen wachsen langsamer. Kein Haar lebt ewig. Es wächst eine Weile und fällt dann aus. Das Follikel macht eine Pause, ehe dort ein neues Haar wächst. Währenddessen sorgen andere Follikel dafür, dass überall Haare vorhanden sind.

22 **Auch Fingernägel bestehen, wie Haare, aus Keratin.** Sie wachsen nur an der Nagelwurzel. Haare und Nägel wachsen im Sommer schneller als im Winter, bei Nacht schneller als am Tag. Nägel wachsen in der Woche durchschnittlich einen Millimeter.

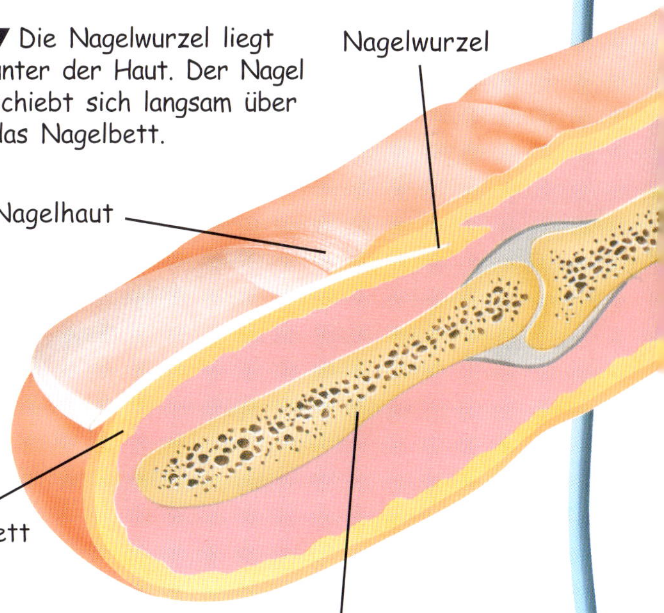

▼ Die Nagelwurzel liegt unter der Haut. Der Nagel schiebt sich langsam über das Nagelbett.

23 **Wir brauchen die Nägel für viele Dinge:** zum Abkratzen klebriger Etiketten, zum Zupfen einer Gitarre und zum Kratzen, wenn es juckt. Sie schützen und verstärken die Fingerspitzen, in denen besonders viele Nerven liegen.

▶ Nägel machen die Fingerspitzen härter und stärker, etwa um Gitarrensaiten anzudrücken. Die Nägel der zupfenden Hand sind etwas länger.

KAUM ZU GLAUBEN!

Ein Kopfhaar wächst fünf Jahre lang, ehe es ausfällt und ersetzt wird. Würde man es während dieser Zeit nicht schneiden, wäre es etwa 1 Meter lang. Das Haar mancher Menschen wächst aber schneller oder über längere Zeit. Ein Haar kann 5 Meter lang werden, ehe es ausfällt.

Das Knochengerüst

24 Gestützt und versteift wird der menschliche Körper durch Teile, die wir nicht sehen können - die Knochen. Ohne Knochen wären wir wabbelig wie Quallen. Knochen haben viele Aufgaben. Die langen Knochen in den Armen sind wie Hebel, um die Hände zu bedienen. Die Fingerknochen greifen zu. Auch die Beinknochen arbeiten beim Gehen wie Hebel. Die Knochen schützen auch die empfindlicheren inneren Organe. Der kuppelförmige Schädel schützt das Gehirn. Die Rippen in der Brust liegen wie ein schützender Käfig um Herz und Lunge. Außerdem erzeugen Knochen auch Blutzellen.

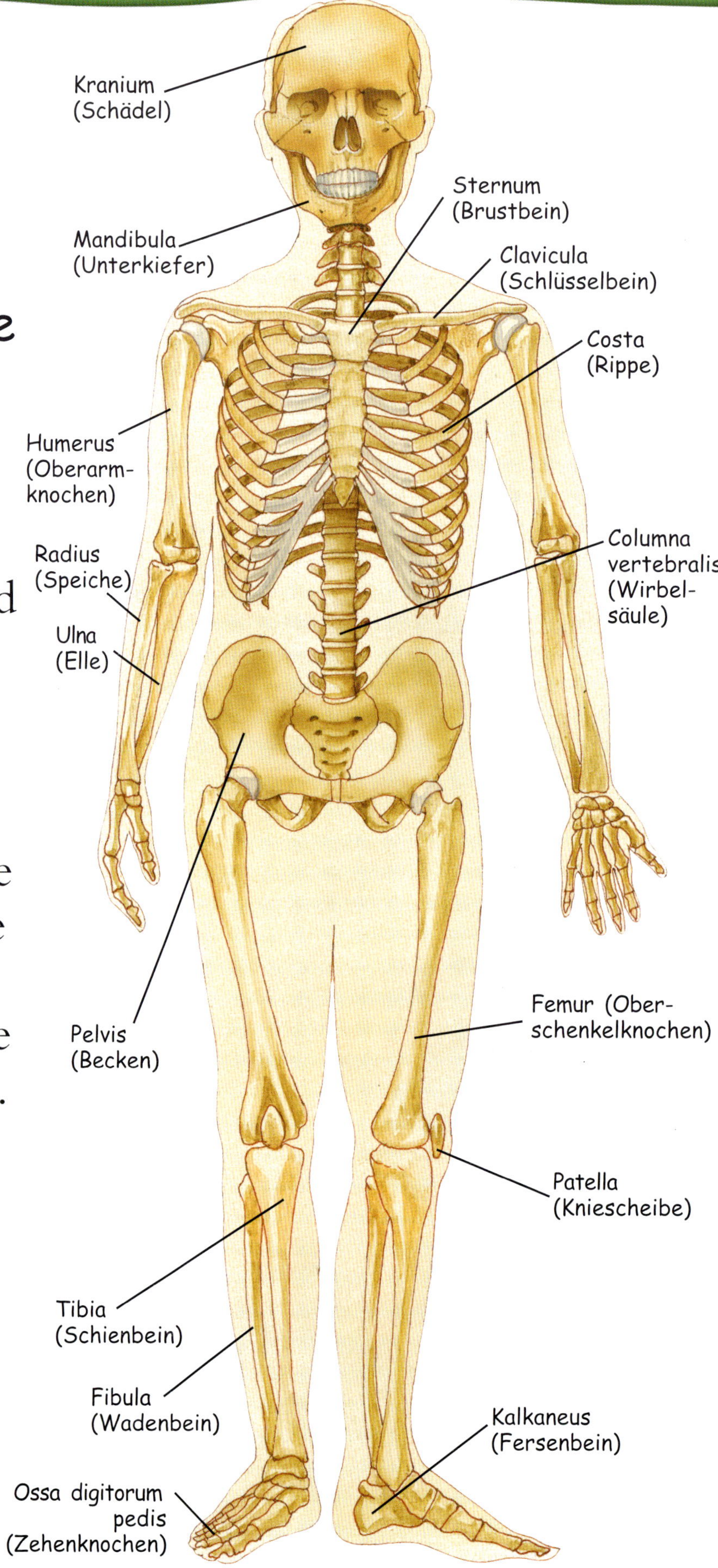

▶ Das Skelett ist das stabile Gerüst des Körpers. Die einzigen künstlich hergestellten Materialien, die so leicht und zugleich stabil wie Knochen sind, verwendet man für Rennwagen und Düsenflugzeuge.

25 Alle Knochen gemeinsam bilden das Skelett.

Die meisten Menschen haben 206 Knochen, und zwar von oben nach unten:

- 8 im oberen Teil des Schädels, dem Kranium
- 14 im Gesicht
- 6 winzige Gehörknochen, 3 in jedem Ohr
- 26 in der Wirbelsäule
- 25 in der Brust, davon 24 Rippen und ein Brustbein
- 32 in jedem Arm, von der Schulter bis zur Fingerspitze (8 in jedem Handgelenk)
- 31 in jedem Bein, von der Hüfte bis zur Zehenspitze (7 in jedem Knöchel).

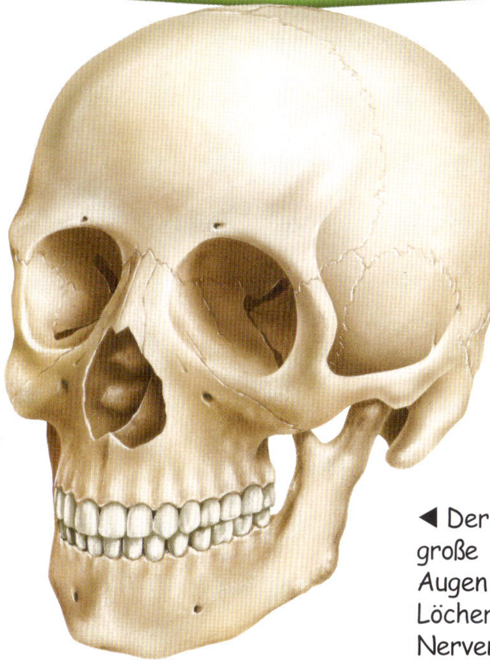

◀ Der Schädel hat große Löcher für die Augen und kleinere Löcher, durch die die Nerven zum Gehirn in seinem Inneren führen.

26 Knochen enthalten Fasern einer zähen, elastischen Substanz, die man Kollagen nennt.

Sie enthalten auch harte Mineralien wie Kalzium und Phosphat. Gemeinsam sorgen diese Stoffe dafür, dass Knochen stark und starr sind, sich jedoch bei starker Belastung etwas biegen können. Manche Knochen sind hohl. In ihrem Inneren liegt eine geleeartige Masse, das Mark. Im Knochenmark entstehen neue rote und weiße Blutkörperchen.

WELCHER HEISST WIE?

Jeder Knochen hat einen wissenschaftlichen oder medizinischen Namen, viele haben auch einen deutschen. Findest du zu diesen medizinischen Namen die deutschen?

1. Mandibula 2. Femur 3. Clavicula 4. Pelvis 5. Patella 6. Sternum

a. Oberschenkelknochen
b. Brustbein c. Kniescheibe
d. Beckenknochen
e. Schlüsselbein
f. Unterkiefer

Antworten:
1f 2a 3e 4d 5c 6b

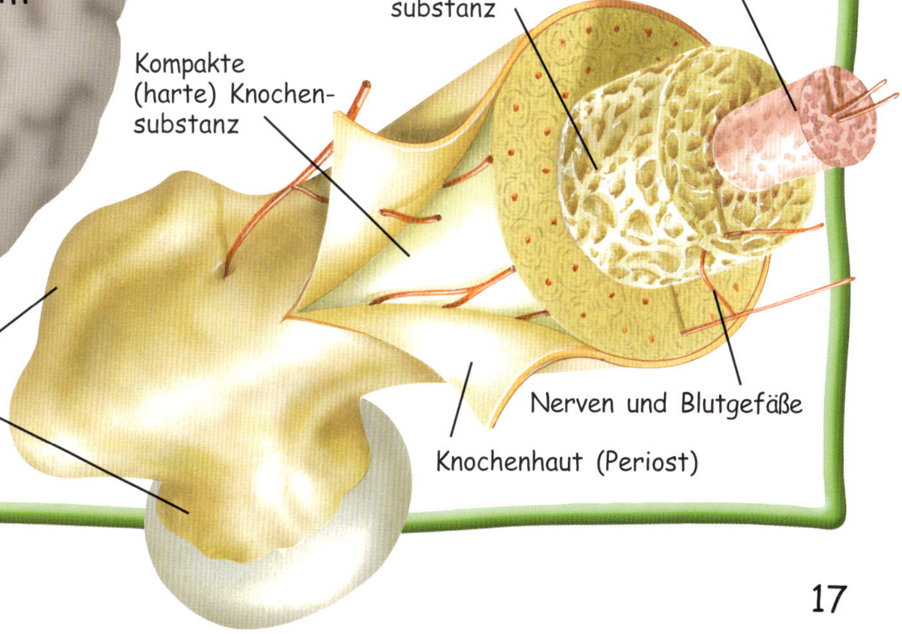

▶ Knochen haben außen eine harte Schicht, darunter eine poröse und im Inneren das weiche Knochenmark.

Gelenke

27 Ohne Gelenke könnten wir kaum mehr bewegen als Augenbrauen und Zunge. Die Gelenke zwischen den Knochen machen unser Skelett beweglich. Du hast mehr als 150 Gelenke. Die größten davon sind Hüftgelenke und Knie. Die kleinsten liegen in den Fingern, den Zehen und zwischen den winzigen Knochen im Ohr, die du zum Hören brauchst.

28 Es gibt verschiedene Arten von Gelenken, abhängig davon, wie die Knochenenden geformt sind und wie sich die Knochen bewegen können. Wenn du das Knie beugst, bewegt sich der Unterschenkel vor und zurück, aber nicht seitwärts. Das ist ein Scharniergelenk. Im Hüftgelenk kann sich das Bein nach vorn, nach hinten und seitwärts bewegen. Das ist ein Kugelgelenk.

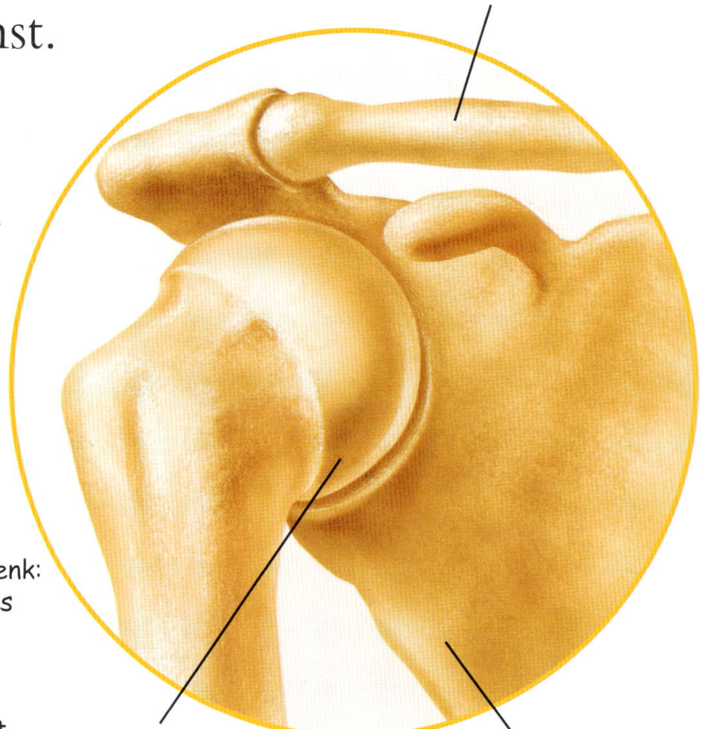

▶Das Schultergelenk: Der runde Kopf des Oberarmknochens passt genau in die Höhlung im Schulterblatt.

TESTE DEINE GELENKE

Probiere diese Gelenke einmal aus, um zu sehen, wie sie sich bewegen.

Welches ist ein Scharniergelenk, welches ein Kugelgelenk?

1. Fingergelenk (das letzte)
2. Ellenbogen
3. Hüftgelenk
4. Schulter

Antworten:
1. Scharnier 2. Scharnier 3. Kugel 4. Kugel

29 Die Knochenenden, die in einem Gelenk zusammentreffen, sind mit einer glatten, glänzenden, rutschigen und etwas elastischen Masse überzogen, dem Knorpel. Das Gelenk wird durch eine zähe Flüssigkeit, die Gelenkflüssigkeit, geschmiert. Wie das Öl in einem Auto dient die Flüssigkeit dazu, Reibung und Abnutzung der Knochen zu verhindern und fließende Bewegungen zu ermöglichen.

30 Im Gelenk sind die Knochen durch die Gelenkkapsel, eine Art Beutel, und durch stabile, elastische Sehnen verbunden.

Die Sehnen geben den Knochen Bewegungsfreiheit, verhindern aber zugleich, dass das Gelenk überdehnt wird. In der Schulter hast du sieben starke Sehnen.

◀ Die Armgelenke sind sehr beweglich. Aber sie sind fast so stark wie die Beingelenke und können den ganzen Körper tragen.

31 In einigen Gelenken sind nicht nur die Knochenenden mit Knorpel überzogen.

Zusätzlich liegen noch Knorpelscheiben zwischen den Knochen. Bandscheiben heißen die Knorpelscheiben zwischen den Rückenwirbeln. Zwei solcher Knorpel in jedem Knie sorgen dafür, dass die Knie gerade gehalten werden, damit wir ohne Mühe aufstehen können.

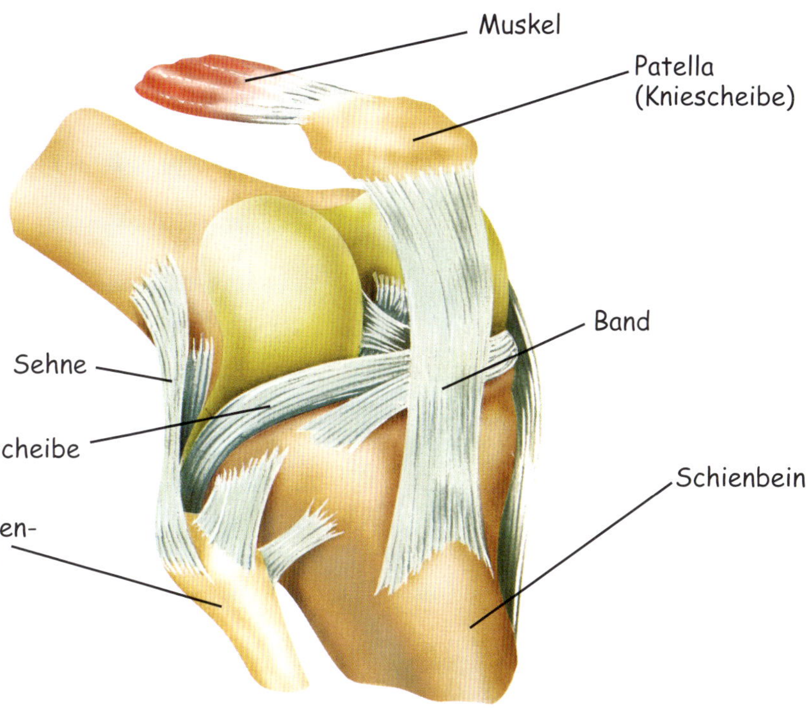

▲ Im Knie gibt es Bänder, Knorpelscheiben (Menisken) und stabile Sehnen, die die Muskeln mit den Knochen verbinden.

Wenn Muskeln ziehen

32 Muskeln machen fast die Hälfte des Körpergewichts aus.

Du hast mehr als 650 Muskeln. Sie haben eine einfache, aber wichtige Aufgabe: Sie ziehen sich zusammen und werden damit kürzer.

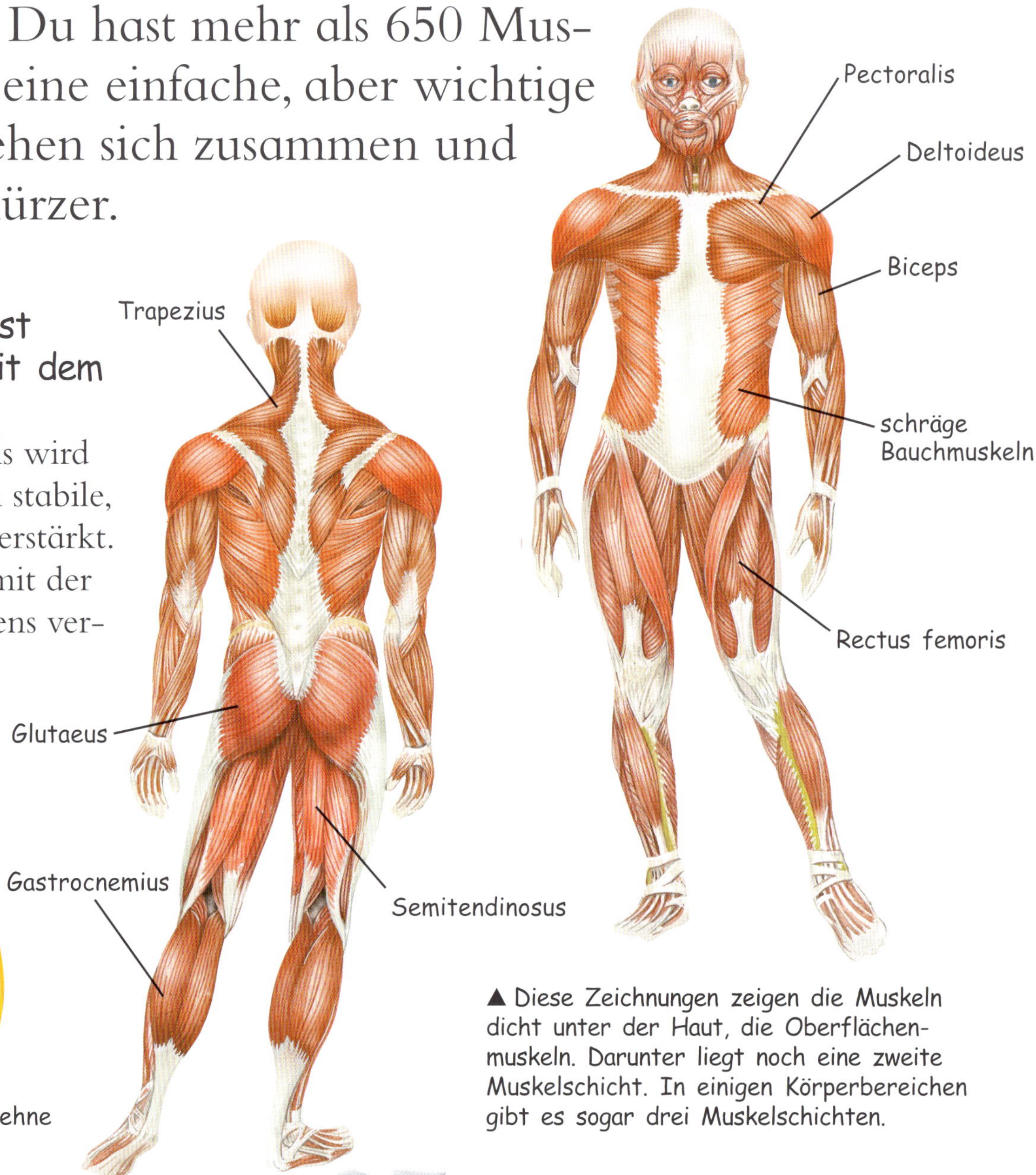

▲ Diese Zeichnungen zeigen die Muskeln dicht unter der Haut, die Oberflächenmuskeln. Darunter liegt noch eine zweite Muskelschicht. In einigen Körperbereichen gibt es sogar drei Muskelschichten.

33 Ein Muskel ist durch eine Sehne mit dem Knochen verbunden.

Das Ende eines Muskels wird dünner und wird durch stabile, dicke Kollagenfasern verstärkt. Diese Fasern sind fest mit der Oberfläche des Knochens verbunden.

▼ Eine Sehne ist ganz fest an dem Knochen, den sie bewegen soll, angewachsen.

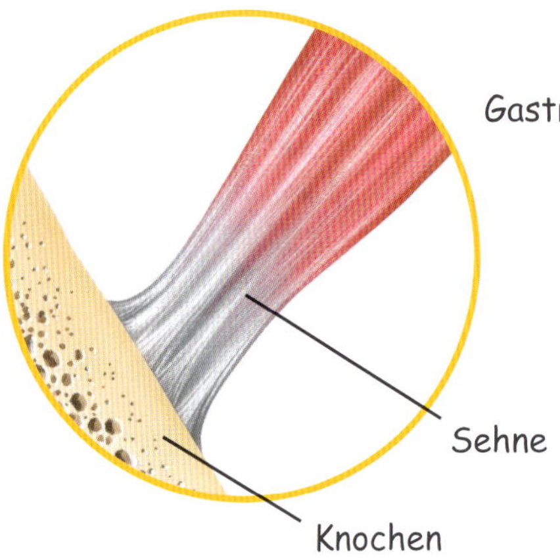

34 Manche Muskeln sind breit, sie sehen aus wie flache Platten oder Dreiecke.

Dazu gehören die drei Muskelschichten im Bauchbereich, die Bauchmuskeln. Wenn du sie anspannst, ziehen sie sich zusammen und dein Bauch sieht dünner aus.

35 Die meisten Muskeln sind lang und schmal und an beiden Enden an Knochen befestigt.

Wenn sie sich zusammenziehen, ziehen sie an den Knochen und bewegen sie. Dabei wird der Muskel in seiner Mitte dicker. Um den Knochen wieder zurückzubewegen, muss der Muskel auf der anderen Seite des Knochens sich zusammenziehen.

◀ Die Muskeln eines Gewichthebers können mehr als sein dreifaches Gewicht bis über seinen Kopf heben.

KAUM ZU GLAUBEN!

Ein Lächeln ist einfacher als ein Stirnrunzeln. Unter der Haut des Gesichts liegen etwa 40 Muskeln. Zum Stirnrunzeln brauchst du fast alle, aber für ein breites Lächeln nur etwa die Hälfte.

36 **Jeder Muskel im Körper hat einen wissenschaftlichen oder medizinischen Namen.** Viele sind recht lang und kompliziert. Menschen, die regelmäßig Sport treiben, kennen einige dieser Namen. Der Pectoralis verläuft quer über die Brust. Der Biceps brachii ist der Muskel im Oberarm, der anschwillt, wenn du deinen Arm beugst.

37 **Wenn du viel Sport treibst, bekommst du keine neuen Muskeln.** Aber die Muskeln, die du hast, werden größer und stärker. Dadurch bleiben sie auch gesund. Muskeln, die zu wenig benutzt werden, werden schwach und schlapp.

▶ Muskeln arbeiten paarweise zusammen, wie der Bizeps und der Trizeps, die den Ellenbogen beugen und strecken.

Bizeps wird kürzer. Unterarm hebt sich.

Um den Arm zu strecken, verkürzt sich der Trizeps. Dadurch wird der Bizeps gestreckt.

Muskelkraft

38 Muskeln können viele Formen und Größen haben, doch ihr Aufbau ist ähnlich. Sie bestehen aus Bündeln von langen, haarähnlichen Fäden, die man Muskelfasern oder Myofibern nennt. Sie sind dünner als Haare, und ein großer Muskel enthält Tausende solcher Fasern. Ihre Länge ist ganz verschieden und sie liegen nebeneinander und hintereinander.

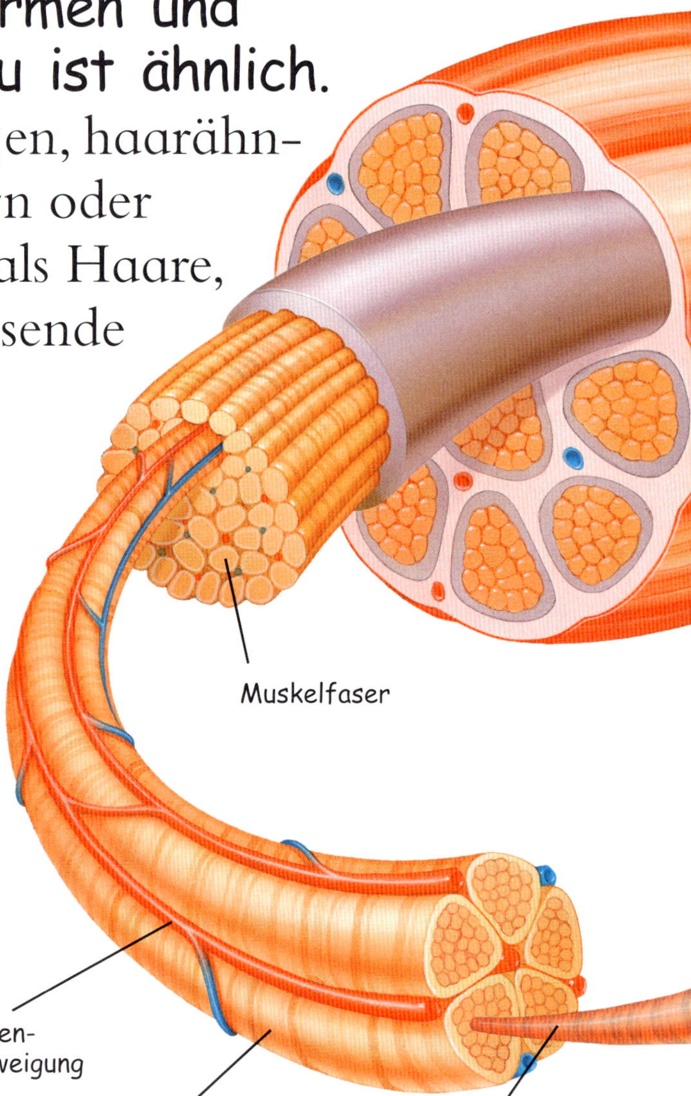

▶ Während die Armmuskeln sich darauf vorbereiten, den Ball mit dem Schläger zu schlagen, halten Hunderte von anderen Muskeln den Körper unter Spannung und im Gleichgewicht.

39 Jede Muskelfaser besteht aus Dutzenden oder Hunderten noch dünnerer Teilchen, den Muskelfibrillen oder Myofibrillen. In einem großen Muskel gibt es Tausende davon. Und wie du dir denken kannst, enthält jede Fibrille Hunderte noch feinerer Fäden. Davon gibt es zwei Arten: Aktin und Myosin. Wenn die Aktinfasern sich hinter und zwischen die Myosinfasern schieben, verkürzen sich die Fasern und damit der ganze Muskel.

40 Muskeln werden durch das Gehirn gesteuert, das über die Nervenbahnen Signale zu ihnen schickt.

Wenn ein Muskel lange Zeit angespannt sein muss, wechseln seine Fasern sich ab. Einige ziehen sich stark zusammen, während andere sich entspannen. Anschließend entspannen sich die zusammengezogenen und die anderen verkürzen sich.

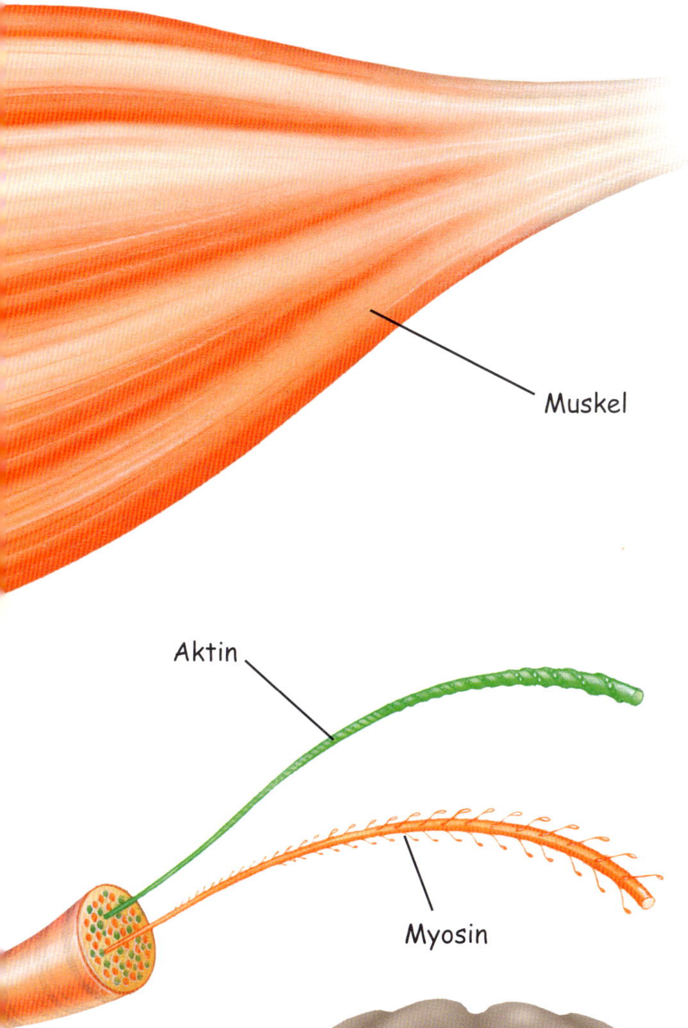

◀ Jeder Muskel besteht aus Hunderten von winzigen Muskelfasern.

▼ Dutzende von Muskeln in Hand und Arm arbeiten zusammen, damit du einen Stift präzise führen kannst.

WELCHER MUSKEL?

Weißt du, in welchem Teil des Körpers sich diese Muskeln befinden?

a. Glutaeus maximus b. Masseter
c. Sartorius d. Myokard
e. Pectoralis major

1. Herz 2. Brust
3. vorderer Oberschenkel
4. Gesäß 5. Mund

Antworten:
a4 b5 c3 d1 e2

41 Auf den größten Muskeln sitzt du – es sind die Glutaeus-maximus-Muskeln in den Pobacken.

Der längste Muskel ist der Sartorius im vorderen Oberschenkel. Einige seiner Fasern sind mehr als 30 Zentimeter lang. Der stärkste Muskel – gemessen an seiner Größe – ist der Masseter in der unteren Wange, den du zum Beißen und Kauen brauchst.

Atmen und sprechen

42 Ohne zu atmen kann ein Mensch nur eine oder zwei Minuten überleben. Atmen ist so wichtig, dass wir es immerzu tun, ohne darüber nachzudenken. Beim Atmen gelangt Luft in den Körper. Luft enthält Sauerstoff, der gebraucht wird, um aus Nahrung Energie für alle Lebensfunktionen des Körpers zu gewinnen.

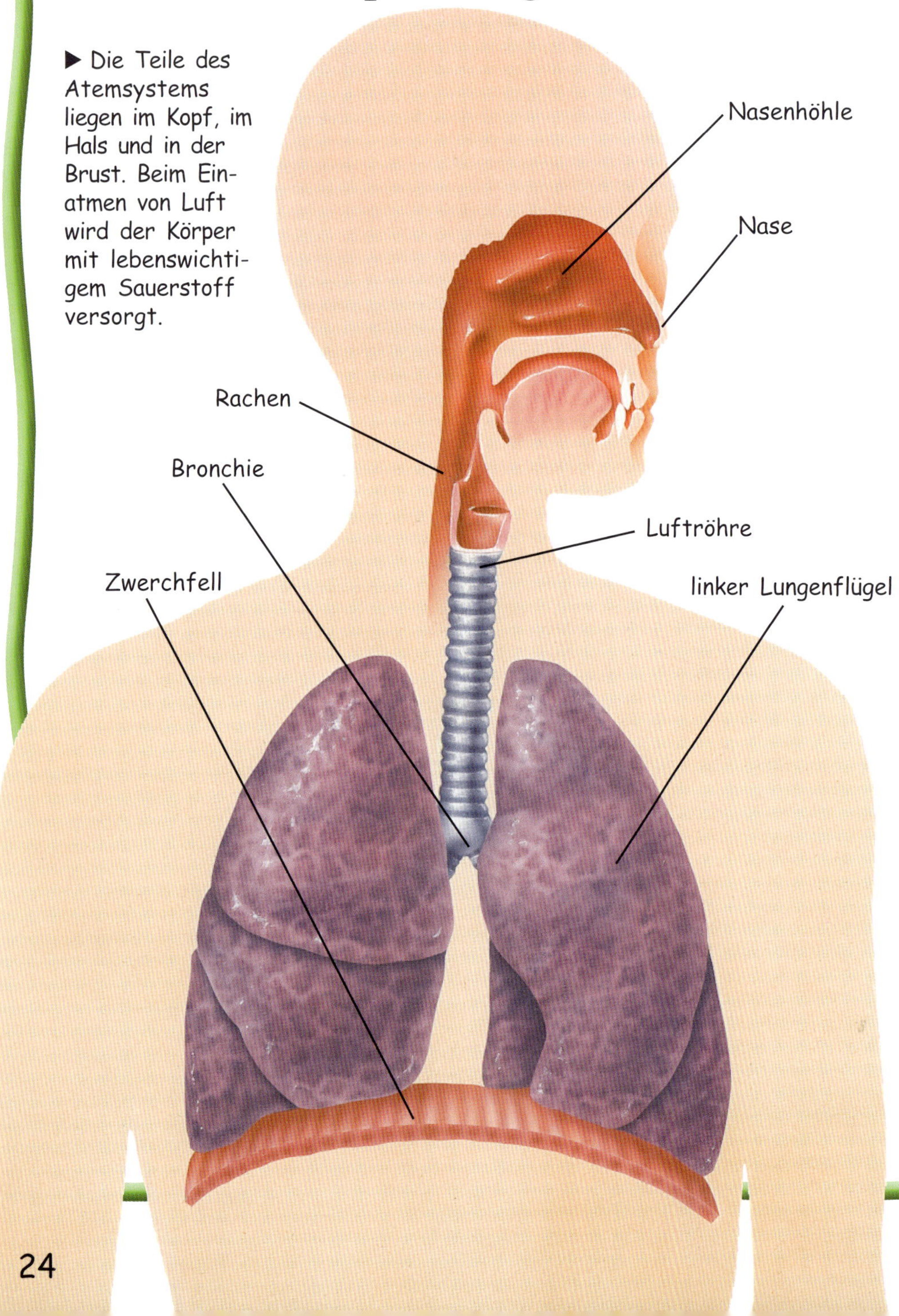

▶ Die Teile des Atemsystems liegen im Kopf, im Hals und in der Brust. Beim Einatmen von Luft wird der Körper mit lebenswichtigem Sauerstoff versorgt.

▲ Ein Raumanzug schützt den Astronauten. Er enthält einen Sauerstoffvorrat, damit der Raumfahrer auch im luftleeren Weltraum überleben kann.

43 Teile des Körpers, die gemeinsam eine wichtige Aufgabe erfüllen, nennen wir ein System. Für die Atmung ist das Atemsystem zuständig. Es besteht aus Nase, Rachen, Luftröhre, Bronchien und Lungen.

44 Die Nase ist der Eingang, durch den Luft zur Lunge gelangt und verbrauchte Luft wieder ausgestoßen wird.

Die weiche, feuchte Haut in der Nase wärmt und feuchtet die Luft an, das ist besser für die Lungen. Winzige Staubteilchen und Keime bleiben an den Härchen in der Nase hängen, die Luft wird gereinigt.

45 Die Luftröhre oder Trachea führt vom hinteren Teil von Nase und Mund hinab zur Lunge.

Sie hat etwa 20 C-förmige Knorpelringe in ihrer Wand – fast wie ein Staubsaugerschlauch. Diese Ringe sind nötig, damit die Luftröhre nicht durch den Druck des Körpers zusammengedrückt wird, sondern immer offen bleibt.

◀ Menschen können mit ihrer Stimme viele Laute machen, laut und leise, hoch und tief.

46 Am oberen Ende der Luftröhre liegt der Kehlkopf oder Larynx.

Du kannst ihn als Wölbung am vorderen Hals erkennen. Von seinen Rändern ragen zwei steife Klappen vor, die Stimmbänder. Damit du leicht atmen kannst, sind die Klappen normalerweise offen. Aber die Muskeln des Kehlkopfes können sie zusammenziehen, sodass nur ein Schlitz offen bleibt. Wenn Luft durch diesen Schlitz strömt, vibrieren die Stimmbänder. So entsteht deine Stimme.

▼ Beim Atmen (links) sind die Stimmbänder geöffnet, beim Sprechen (rechts) geschlossen.

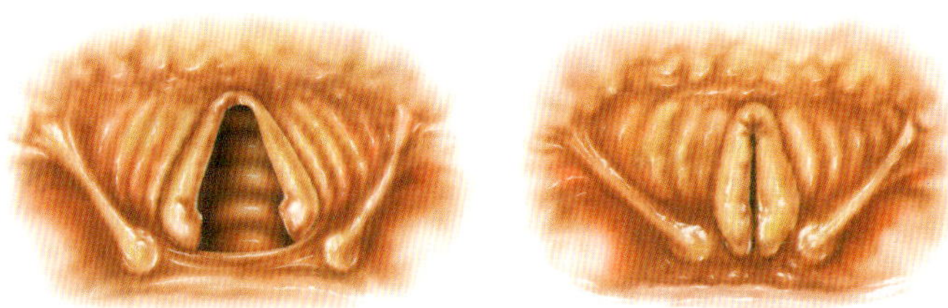

HUMMMMM!

Du brauchst:

Eine Stoppuhr

Glaubst du, dass du zum Singen mehr Luft als zum Atmen brauchst? Das kannst du ausprobieren.

1. Atme tief ein, dann atme ganz normal aus, so lange du kannst. Stoppe die Zeit für das Ausatmen.
2. Atme noch einmal so tief ein, dann summe beim Ausatmen – wieder so lange du kannst. Stoppe das Summen.
3. Versuche es noch einmal, aber flüstere diesmal beim Ausatmen ein Lied. Und dann singe beim Ausatmen laut.

Die Lunge

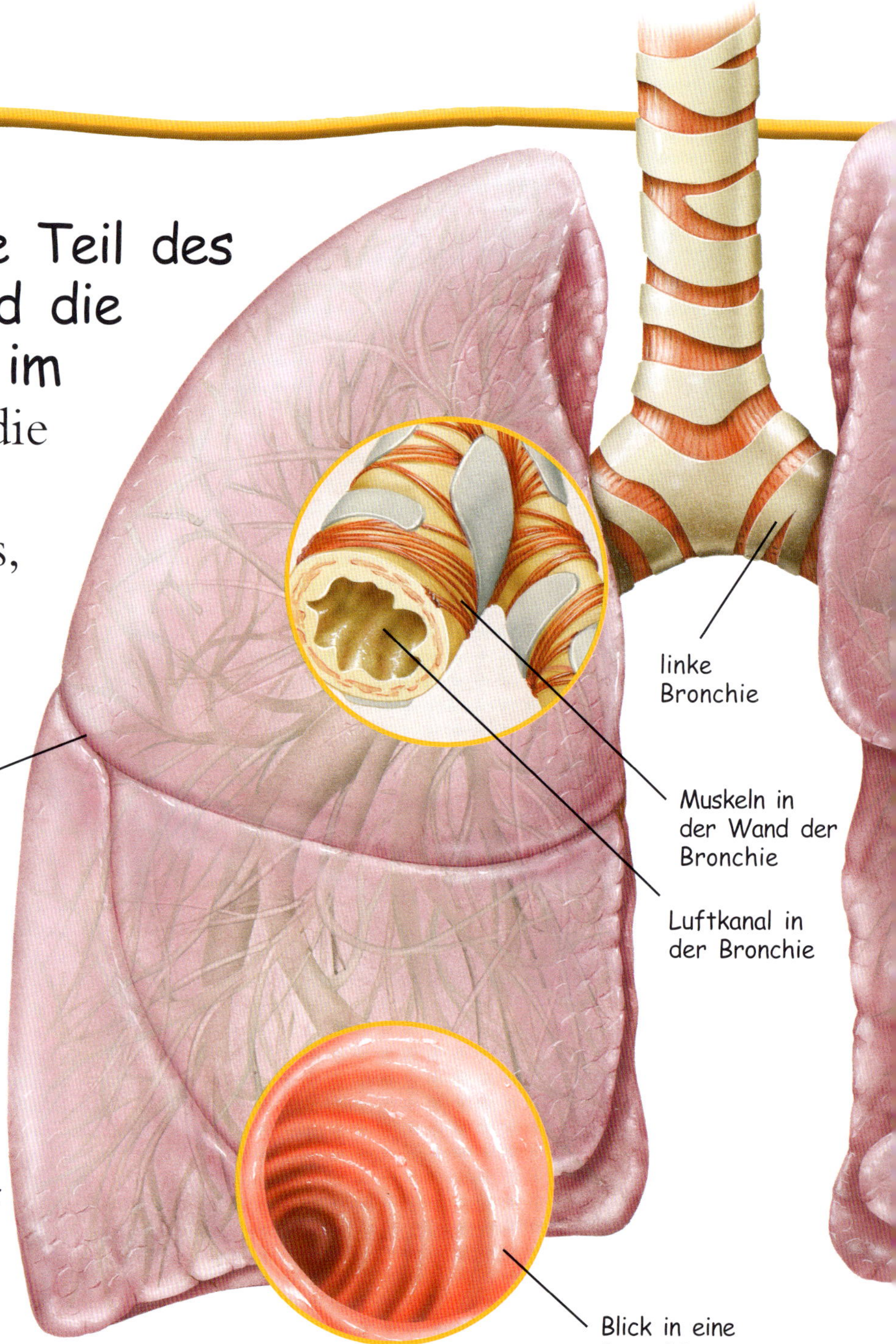

47 Der wichtigste Teil des Atmungssystems sind die beiden Lungenflügel im Brustkorb. Jeder hat die Form eines großen Kegels, dessen Spitze auf Schulterhöhe liegt.

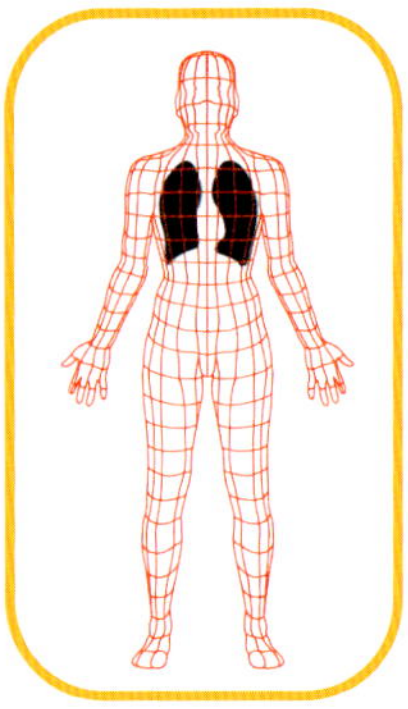

48 Durch die Luftröhre gelangt die Luft zu den Lungen und wieder hinaus. Am unteren Ende verzweigt sich die Luftröhre in zwei Röhren, die Bronchien. Jede führt in einen Lungenflügel. In der Lunge verzweigen sich die Bronchien immer weiter. Die feinsten Kanäle sind dünner als Haare und enden an Gruppen kleiner Bläschen, den Alveolen.

KAUM ZU GLAUBEN!

Die Luft, die ein Mensch in einer Nacht ein- und ausatmet, füllt ungefähr ein ganzes Zimmer. Darum schlafen manche Menschen lieber bei offenem Fenster oder offener Tür.

49 Jeder Lungenflügel enthält mehr als 150 Millionen kleiner Bläschen oder Alveolen. Sie haben eine sehr dünne Hülle, durch die der eingeatmete Sauerstoff dringen kann. Er gelangt ins Blut, das ihn im ganzen Körper verteilt. Gleichzeitig bringt das Blut den Abfallstoff Kohlendioxid zu den Alveolen, die ihn aufnehmen, sodass deine Lungen ihn beim Ausatmen abgeben können.

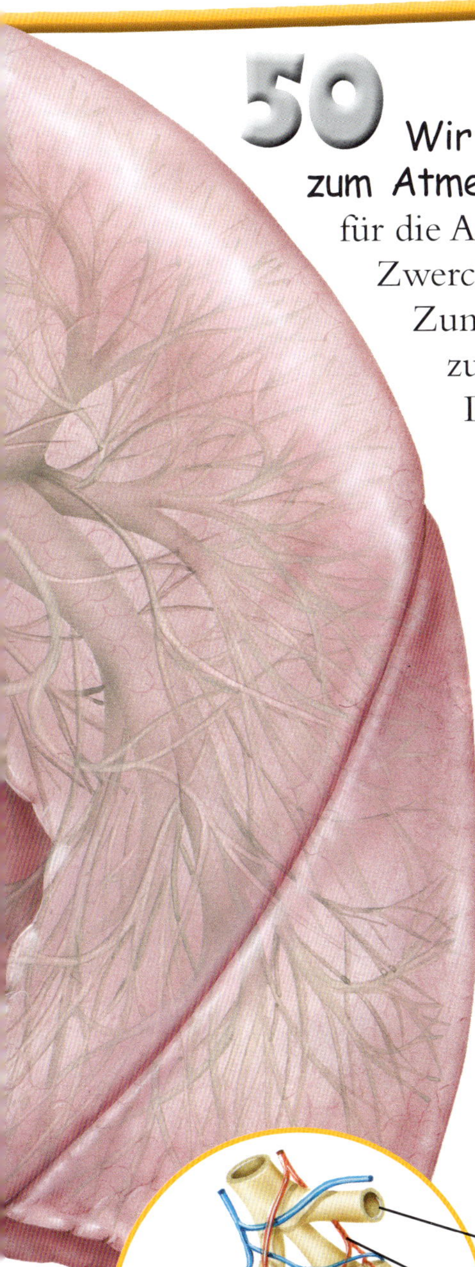

50 Wir brauchen Muskelkraft zum Atmen.

Der wichtigste Muskel für die Atmung ist das kuppelförmige Zwerchfell in der unteren Brust. Zum Einatmen zieht es sich zusammen und wird flach. Dadurch wird die Lunge größer, Luft wird durch die Luftröhre eingesogen. Gleichzeitig heben Muskeln in der Brust die Rippen, auch das vergrößert die Lunge. Zum Ausatmen entspannen sich Zwerchfell und Rippenmuskeln. Die ausgedehnte Lunge schrumpft zusammen, die verbrauchte Luft wird herausgedrückt.

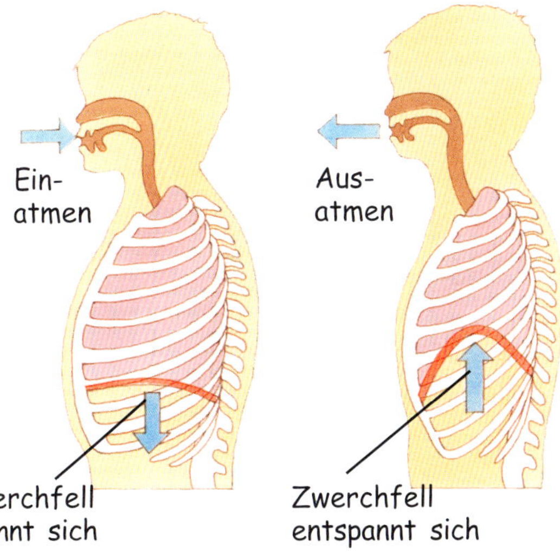

▲ Zum Atmen brauchst du zwei Muskelgruppen, das Zwerchfell und die Muskeln zwischen den Rippen.

▶ Nach einer Anstrengung musst du schneller und tiefer atmen, um den verbrauchten Sauerstoff zu ersetzen.

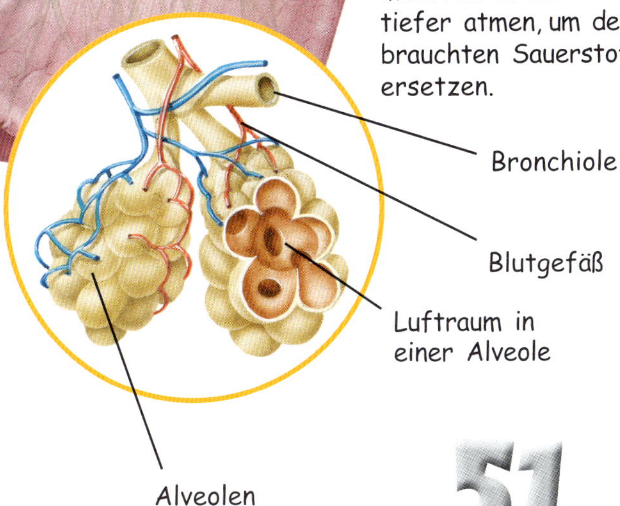

▲ In jedem Lungenflügel verzweigt sich die Bronchie immer weiter bis in Tausende winziger Luftwege, die man Bronchiolen nennt.

51 Wenn du ruhst oder schläfst, atmest du bei jedem Atemzug etwa einen halben Liter Luft ein und aus – 15 bis 20 Mal in der Minute.

Nach einer Anstrengung, etwa einem Wettlauf, brauchst du mehr Sauerstoff und machst etwa 50 Atemzüge pro Minute mit je 3 Liter Luft.

Essen ist wichtig

52 Alle Maschinen brauchen Treibstoff, um zu arbeiten. Der Körper ist eine lebende Maschine, sein Treibstoff ist die Nahrung. Nahrung liefert die Energie für alle inneren Körperfunktionen, aber auch zum Atmen, Bewegen, Reden und für alle anderen Handlungen. Nahrung liefert auch die Rohstoffe, die der Körper zum Wachsen und für alltägliche kleine Reparaturen braucht.

▶ Fisch, mageres Fleisch, Eier und Milchprodukte enthalten viele wertvolle Proteine.

▶ Brot, Nudeln und Reis enthalten Stärke, die eine wichtige Energiequelle ist.

53 Wir dürfen ein Auto nicht mit dem falschen Benzin betanken, und wir sollten auch unserem Körper keine ungeeignete Nahrung geben. Eine gesunde Ernährung umfasst viele verschiedene Lebensmittel, vor allem frische Früchte und Gemüse, die wichtige Nährstoffe enthalten. Zu viel Nahrung einer einzigen Art kann ungesund sein, vor allem, wenn es fette Nahrung ist. Zu viel Nahrung ist auch ungesund, weil der Körper zu schwer wird und sich die Gefahr von Krankheiten erhöht.

▶ Käse und fette Lebensmittel braucht der Körper nur in kleinen Mengen. Pflanzliche Fette sind gesünder als Fette tierischen Ursprungs.

54 Unsere Nahrung enthält sechs Arten von Nährstoffen, und der Körper braucht von allen etwas.

- Proteine werden für Wachstum und Reparaturen und für kräftige Muskeln gebraucht.
- Kohlehydrate wie Zucker und Stärke liefern viel Energie.
- Manche Fette sind wichtig für die allgemeine Gesundheit und Energie.
- Vitamine helfen dem Körper, Krankheiten abzuwehren.
- Mineralien sind wichtig für stabile Zähne und Knochen und für gesundes Blut.
- Ballaststoffe sorgen für eine gute Verdauung und verhindern manche Darmbeschwerden.

▲ Frische Früchte, z.B. Bananen, und Gemüse, z.B. Mohrrüben, enthalten viele Vitamine, Mineralien und Ballaststoffe. Darum tun sie dem Körper gut.

GEHIRNFUTTER

Was meinst du, welche Mahlzeit gesünder ist?

Menü A
Burger, Würstchen und eine große Portion Pommes, danach Eis mit Sahne und Schokosoße.

Menü B
Hähnchen, Tomate und eine kleine Portion Pommes, danach Obstsalat mit Apfel, Banane, Birne und Melone.

Antwort: Menü B

Beißen, kauen, schlucken

55 Die härtesten Teile deines Körpers hast du im Mund – es sind die Zähne. Sie haben eine weiße oder gelbliche Umhüllung, die härter als manches Gestein ist. Zähne müssen ein Leben lang halten und eine Menge Arbeit leisten: abbeißen, knabbern, knuspern, mampfen und kauen.

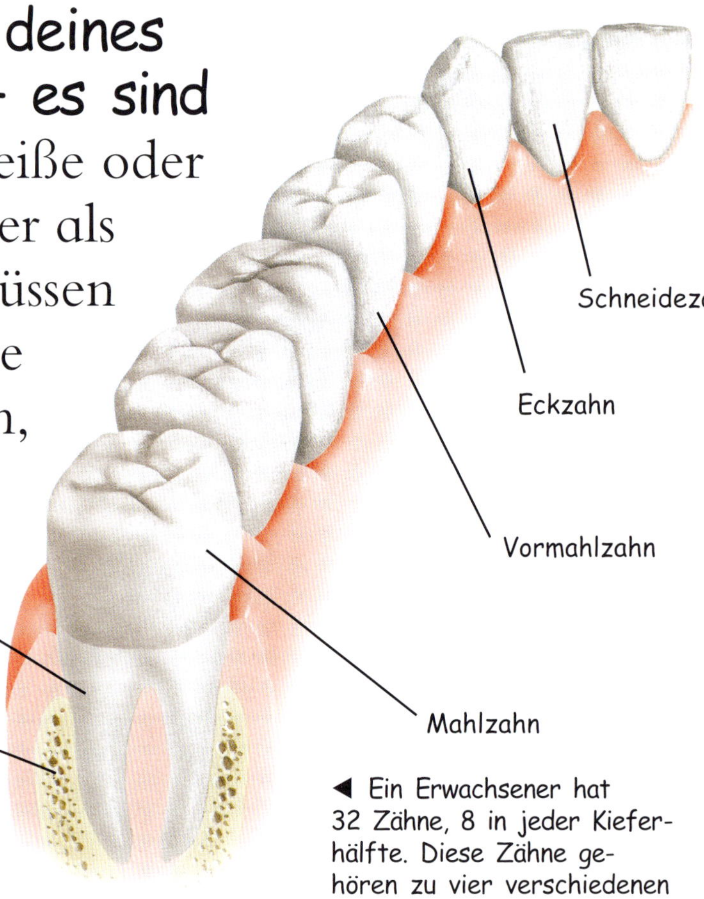

◀ Ein Erwachsener hat 32 Zähne, 8 in jeder Kieferhälfte. Diese Zähne gehören zu vier verschiedenen Gruppen.

56 Zähne haben verschiedene Formen. Vorn im Mund liegen die Schneidezähne. Sie haben eine gerade, scharfe Kante wie ein Spaten. Du brauchst sie zum Abbeißen. Dahinter kommen die Eckzähne. Sie sind länger und spitzer und werden zum Reißen und Ziehen benutzt. Hinter ihnen liegen die Vormahlzähne und die Mahlzähne. Sie sind kürzer und flacher und haben kleine Erhöhungen zum Zerdrücken und Zermalmen von Nahrung.

▼ Im Inneren eines Zahns liegt das lebende Mark mit vielen Blutgefäßen und Nervenenden, die in den Kieferknochen führen.

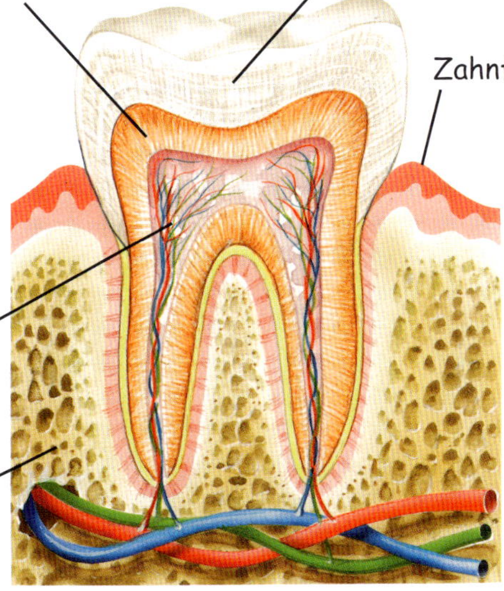

57 Ein Zahn sieht aus wie tot, doch er ist sehr lebendig. Unter dem Zahnschmelz liegt das weichere Zahnbein. In der Mitte des Zahns liegt das Mark. Darin befinden sich Blutgefäße, die den ganzen Zahn versorgen, und Nerven, die Wärme, Kälte und Schmerz wahrnehmen. Der untere Teil des Zahnes ist die Wurzel, die fest im Kieferknochen verankert ist. Den oberen Teil, den man sehen kann, nennt man die Krone.

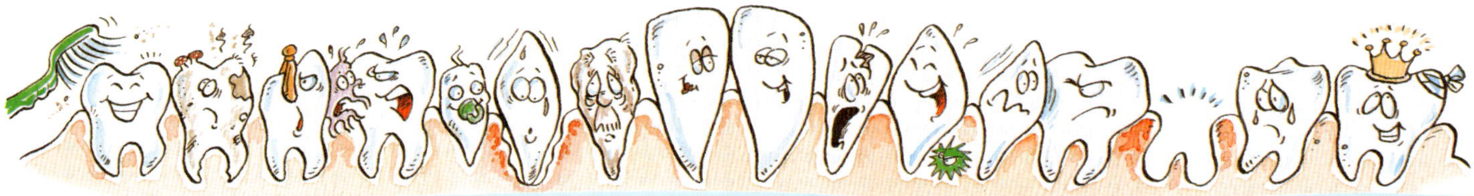

58 Zähne sind sehr hart und stabil, aber sie müssen regelmäßig gereinigt werden. Manche Bakterien (Krankheitserreger) ernähren sich von Speiseresten im Mund. Ihre Ausscheidungen enthalten eine Säure, die Löcher in den Zahnschmelz und das Zahnbein frisst. Wer keine Zahnschmerzen haben will, sollte nach den Mahlzeiten und vor dem Schlafengehen die Zähne putzen.

▶ Putze die Zähne mit kreisenden Bewegungen und reinige die Zwischenräume mit Zahnseide. So sehen sie schöner aus und bleiben länger gesund.

▼ Das Milchgebiss hält etwa zehn Jahre, das bleibende Gebiss kann zehn Mal so lange halten.

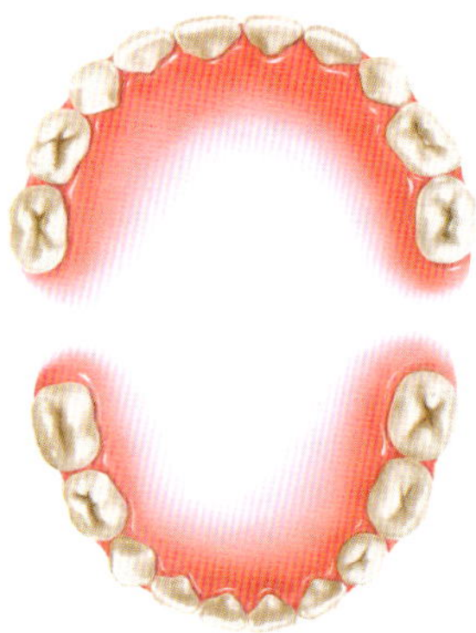

Kindergebiss (Milchgebiss)

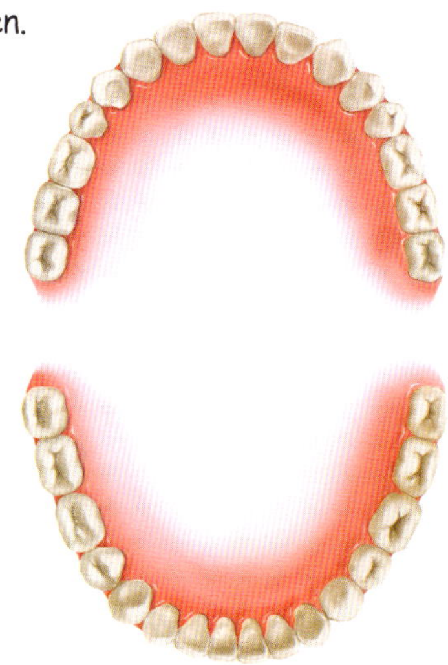

Erwachsenengebiss (bleibendes Gebiss)

59 Die Zähne sollen ein Leben lang halten. Nein, nicht ganz, denn der Körper hat zwei Garnituren. Das Milchgebiss kleiner Kinder besteht aus 20 Zähnen. Die ersten erscheinen etwa im Alter von sechs Monaten, die letzten mit drei Jahren. Mit sechs bis sieben Jahren fallen die Milchzähne aus. Ihnen folgen allmählich die 32 Zähne des bleibenden Gebisses.

60 Nach dem Kauen gelangt das Essen in die Speiseröhre. Sie schiebt es abwärts, an Herz und Lunge vorbei in den Magen.

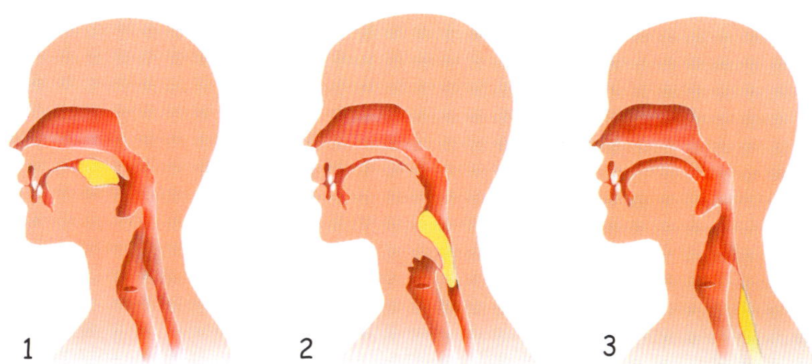

1 Zunge schiebt die Nahrung in den Rachen.

2 Rachenmuskeln schieben die Nahrung abwärts.

3 Die Speiseröhre befördert die Nahrung in den Magen.

Der lange Weg der Nahrung

61 Das Verdauungssystem zieht sich als 9 Meter langer Tunnel durch den Körper. Seine Teile kauen, schlucken und zersetzen die Nahrung, entziehen ihr die wertvollen Stoffe und scheiden die Reste aus.

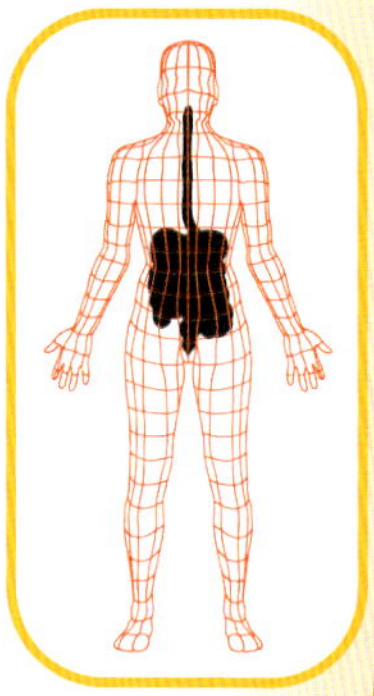

62 Der Magen ist ein Beutel mit starken Muskelwänden. Wird er mit Nahrung und Getränken gefüllt, dehnt er sich. Seine Innenhaut erzeugt starke Verdauungssäuren und Flüssigkeiten, die man Enzyme nennt. Diese Stoffe greifen die Nahrung an. Die Muskeln der Magenwand kneten und mischen den Inhalt.

63 Im Magen wird die Nahrung einige Stunden lang zu einem dicken Brei verarbeitet, der in den Dünndarm gelangt. Der Dünndarm ist nur 3 Zentimeter dick, aber 5 Meter lang. Durch seine Wand gelangen Nährstoffe und andere wichtige Stoffe in den Körper.

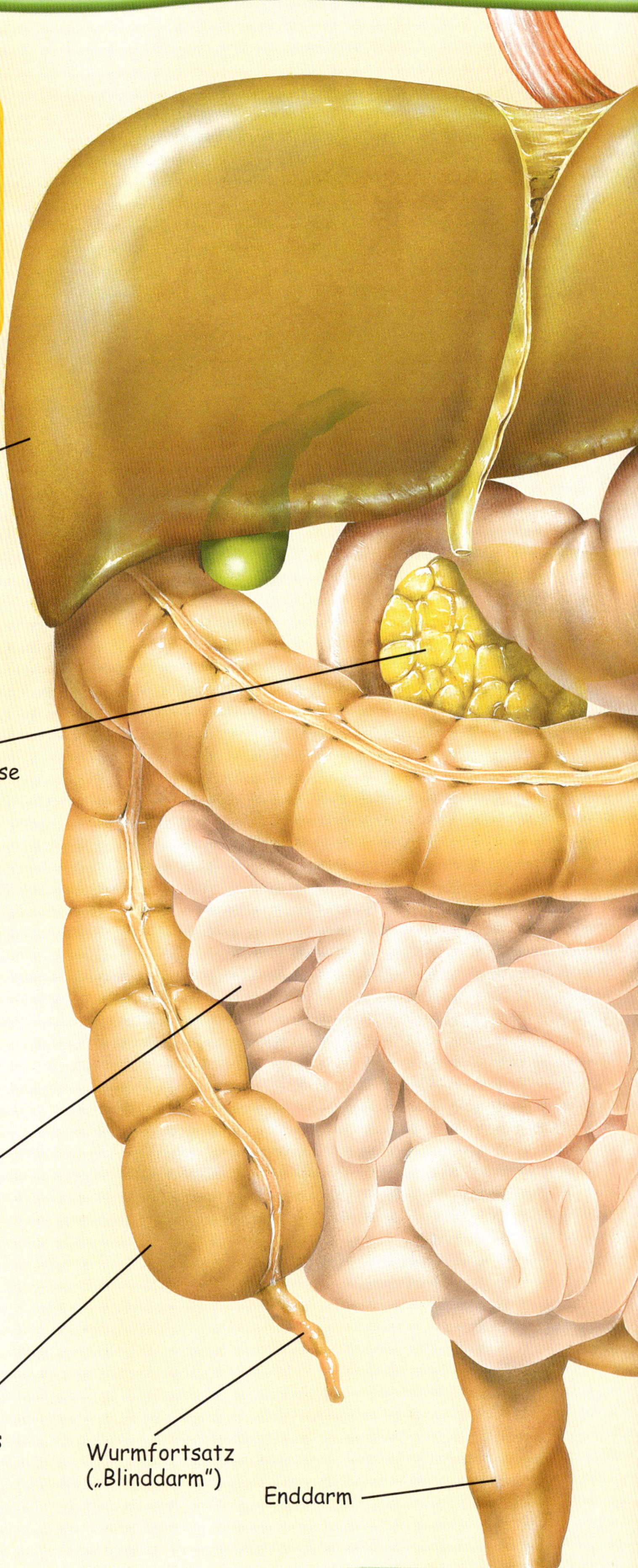

64 Nach dem Dünndarm kommt der Dickdarm.

Er ist etwa 6 Zentimeter dick und 1,5 Meter lang. Er entzieht dem Nahrungsbrei Flüssigkeit und weitere Nährstoffe. Den Rest knetet er zu braunen Klumpen, die den Körper verlassen.

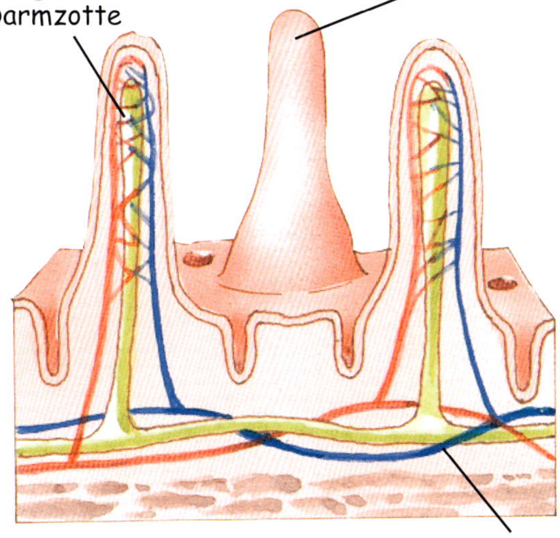

▶ Auf der Innenwand des Dünndarms sitzen zahllose kleine, fingerförmige Vorsprünge, die man Darmzotten nennt. Sie befördern die Nährstoffe aus der Nahrung ins Blut und ins Lymphsystem.

◀ Die Verdauungsorgane füllen fast den ganzen unteren Bereich des Rumpfes aus.

65 Auch Leber und Bauchspeicheldrüse gehören zum Verdauungssystem.

Die Leber erkennt die Nährstoffe, wandelt manche um und speichert andere. Die Bauchspeicheldrüse stellt wichtige Enzyme her, die in den Dünndarm gelangen und dort bei der Verdauung helfen.

KAUM ZU GLAUBEN!

Was ist in den Resten enthalten? Die braunen Reste, die du auf der Toilette ausscheidest, bestehen nur etwa zur Hälfte aus Nahrungsresten. Die andere Hälfte besteht aus abgeriebenen Stückchen von Magen- und Darmhaut, vor allem aber aus Millionen von abgestorbenen, ungefährlichen Bakterien. Diese Bakterien helfen bei der Verdauung und bekommen dafür einen warmen Platz mit reichlich Nahrung.

Das Blut

66 Das Herz schlägt, um das Blut durch den ganzen Körper zu pumpen und mit ihm Sauerstoff und Nährstoffe in alle Körperteile zu bringen. Das Blut fließt immer wieder durch die Gefäße und zurück zum Herzen, darum spricht man vom Herz-Kreislauf-System.

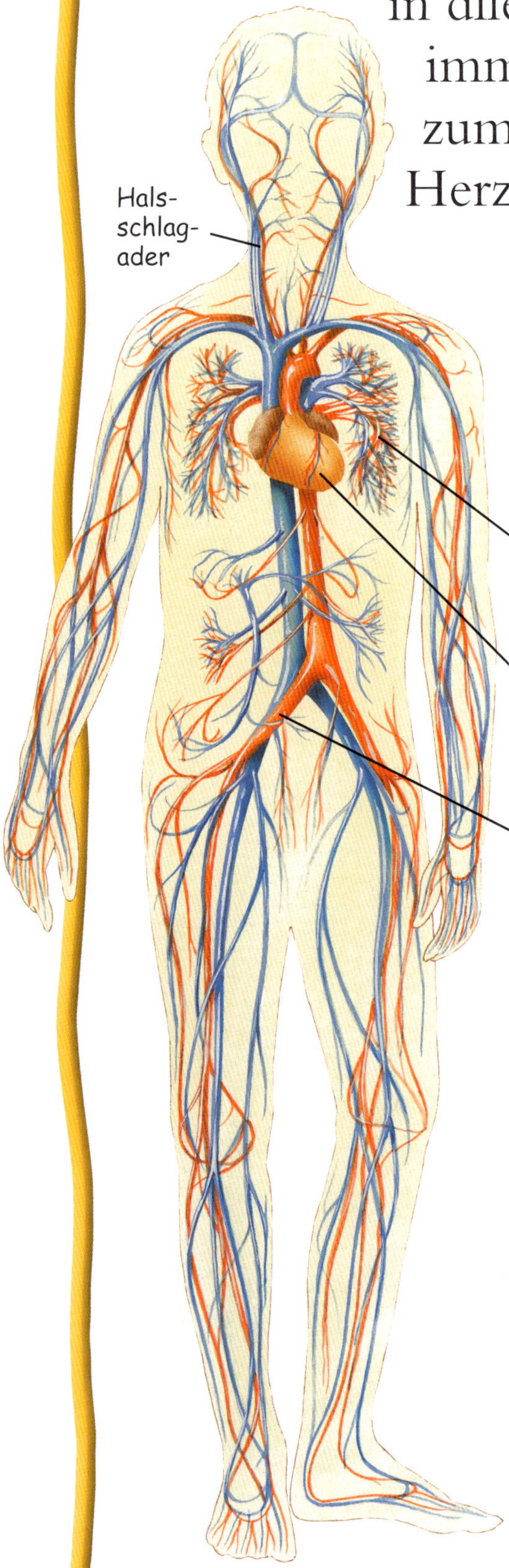

◀ Die Blutgefäße verzweigen sich, damit sie in alle Körperteile gelangen.

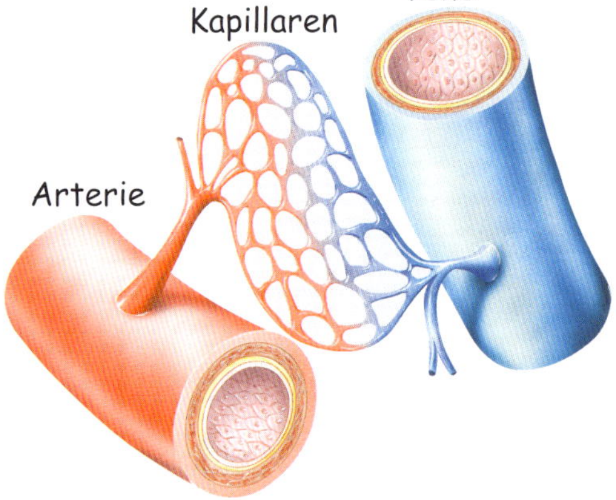

▶ Es gibt drei Haupttypen von Blutgefäßen.

67 Das Blut fließt vom Herzen weg durch große, dickwandige Gefäße, die Arterien. Diese verzweigen sich immer weiter bis zu winzigen Gefäßen, die dünner als Haare sind. Man nennt sie darum Haargefäße oder Kapillaren. Durch die Wände der Kapillaren dringen Nährstoffe und Sauerstoff zu den umliegenden Körperteilen vor. Gleichzeitig dringen auch Kohlendioxid und Abfallstoffe ein, die abtransportiert werden. Die Kapillaren fließen wieder zusammen, bis sie schließlich große Blutgefäße bilden, die Venen. Diese bringen das Blut zurück zum Herzen.

68 Das Blut verteilt Sauerstoff und Nährstoffe, es transportiert Kohlendioxid und Abfallstoffe ab. Aber es hat noch andere Aufgaben. Es transportiert Hormone (siehe Seite 43) – Stoffe, die zur Steuerung der Körperfunktionen wichtig sind. Es verteilt die Wärme der aktiven Organe, wie Leber, Herz und Muskeln, auf den ganzen Körper. Es verkrustet, um Wunden zu schließen. Und es enthält viele Stoffe, die Krankheitserreger abwehren.

69 Blut hat vier Hauptbestandteile.

Der größte Teil sind Milliarden winziger, flacher roter Blutkörperchen, die fast die Hälfte des gesamten Blutvolumens ausmachen und Sauerstoff transportieren. Die weißen Blutkörperchen reinigen das Blut und bekämpfen Krankheitserreger. Milliarden von Blutplättchen sind für die Blutgerinnung zuständig. Sie alle schwimmen im Plasma, einer wässrigen Flüssigkeit.

QUIZ

Welcher Begriff gehört zu welcher Beschreibung?

a. Arterie b. Vene c. weißes Blutkörperchen d. rotes Blutkörperchen e. Blutplättchen f. Kapillargefäß

1. großes Blutgefäß, das Blut zum Herzen zurückbefördert
2. winzige Gefäße, durch die Sauerstoff und Nährstoffe aus dem Blut in die Zellen gelangen
3. großes Blutgefäß, das Blut vom Herzen wegtransportiert
4. Blutbestandteil, der Sauerstoff transportiert
5. Blutbestandteil, der Krankheitserreger bekämpft
6. Blutbestandteil, der für die Gerinnung des Blutes sorgt

Antworten:
a3 b1 c5 d4 e6 f2

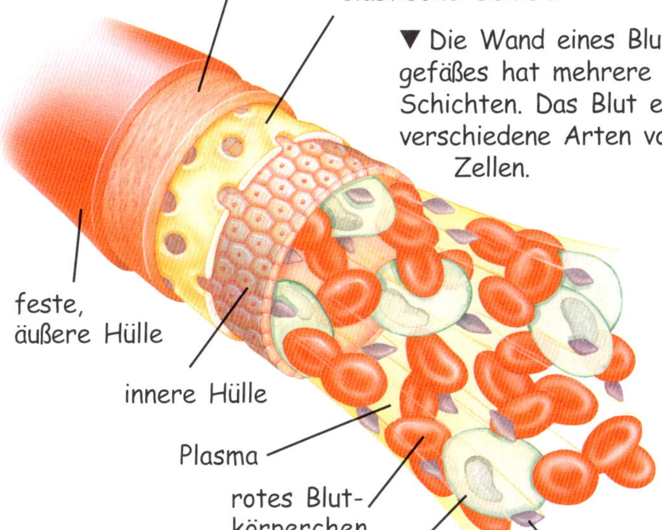

▼ Die Wand eines Blutgefäßes hat mehrere Schichten. Das Blut enthält verschiedene Arten von Zellen.

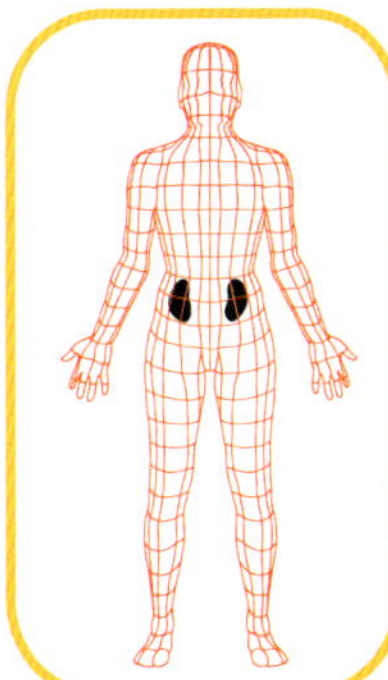

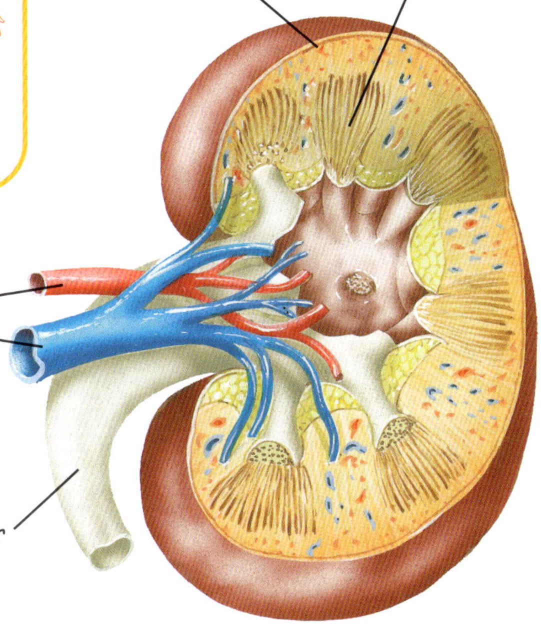

▲ Jede Niere enthält in ihrer äußeren Rinde etwa eine Million kleiner Filter, Nephronen genannt.

70 Das Blut wird in den beiden Nieren im unteren Rücken gereinigt.

Sie filtern das Blut und erzeugen Urin, der neben den Abfallstoffen auch überschüssiges Wasser enthält. Durch die Harnleiter gelangt der Urin aus den Nieren in einen dehnbaren Beutel, die Blase. Hier wird er gespeichert, bis du ihn ausscheiden kannst.

Das Herz

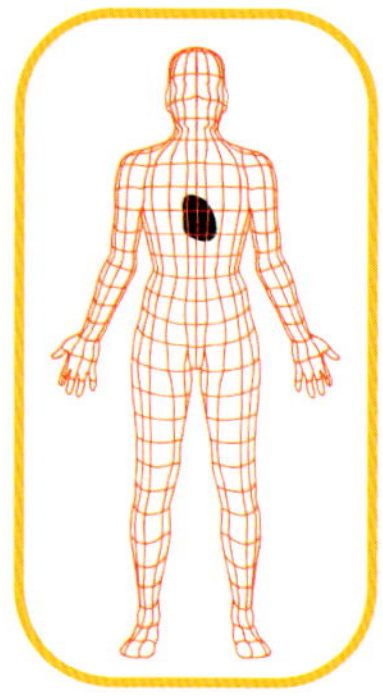

71 Ein Herz ist etwa so groß wie eine geballte Faust. Es ist ein hohler Beutel aus sehr starker Muskelmasse, dem Herzmuskel. Dieser Muskel kommt nie zur Ruhe. Ein ganzes Leben lang zieht er sich mindestens einmal pro Sekunde zusammen. Dadurch wird Blut aus dem Herzen in die Arterien gepresst. Wenn sich das Herz entspannt, füllt es sich mit Blut aus den Venen.

72 Das Innere des Herzens besteht aus zwei Kammern. Die linke pumpt das Blut in den Körper, vom Kopf bis zu den Zehen, damit überall Sauerstoff ankommt. Dann strömt das Blut zur rechten Herzkammer zurück. Von dort wird es zu den Lungen befördert, wo es neuen Sauerstoff aufnimmt. Dann gelangt es wieder in die linke Herzkammer, und der Kreislauf beginnt von vorn.

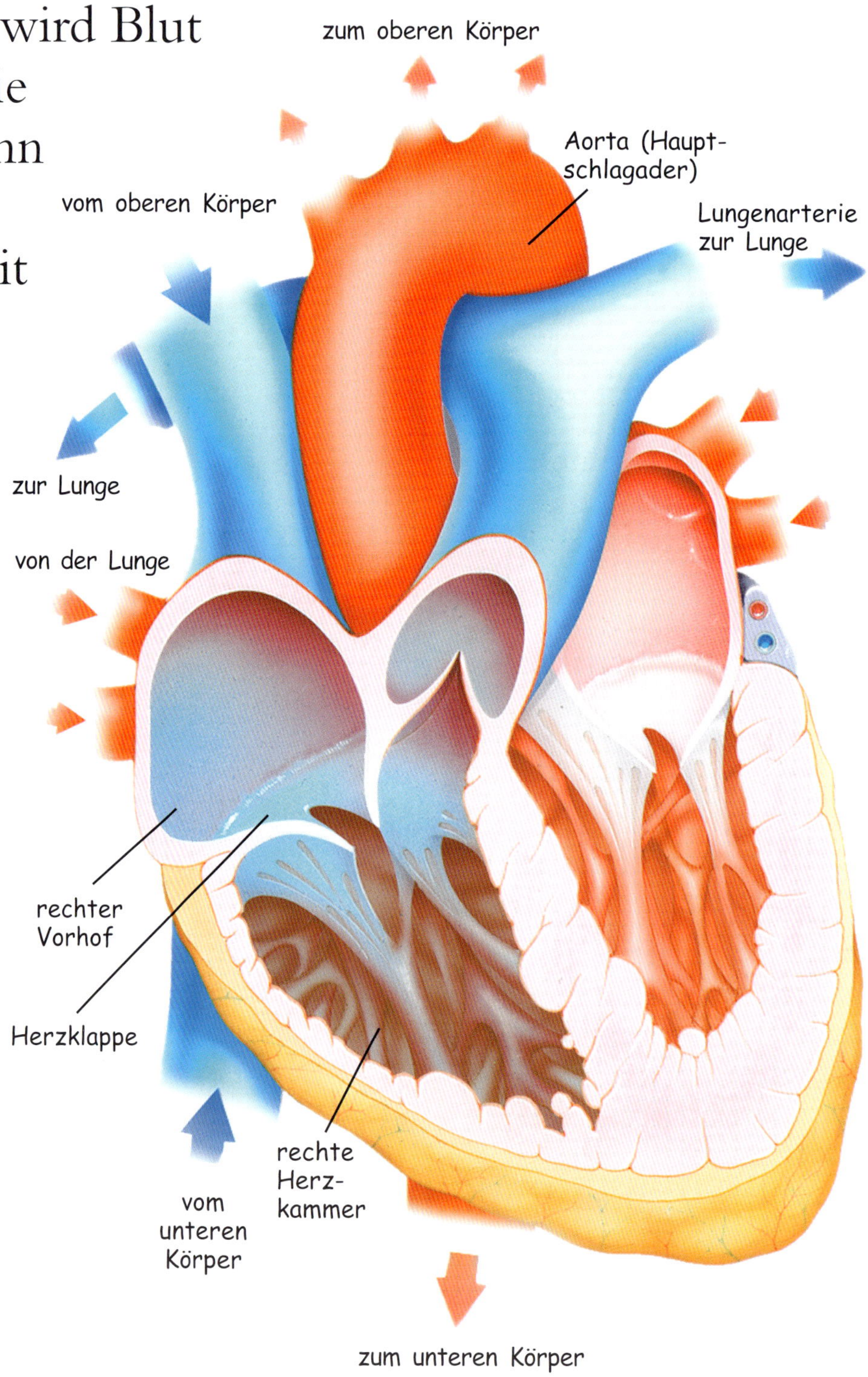

▶ Das Herz besteht aus zwei nebeneinander liegenden Pumpkammern. Diese sind wiederum in den Vorhof und die eigentliche Herzkammer unterteilt.

73 Im Herzen befinden sich vier bewegliche Klappen. Sie sorgen dafür, dass das Blut in die richtige Richtung strömt. Will das Blut in die falsche Richtung fließen, drückt es automatisch die Herzklappen zu, der Weg ist versperrt. So kann das Blut nicht bei jedem Herzschlag abwechselnd ins Herz hinein- und wieder hinausströmen.

▶ Das regelmäßige Zusammenziehen des Herzmuskels fühlen wir als Herzschlag.

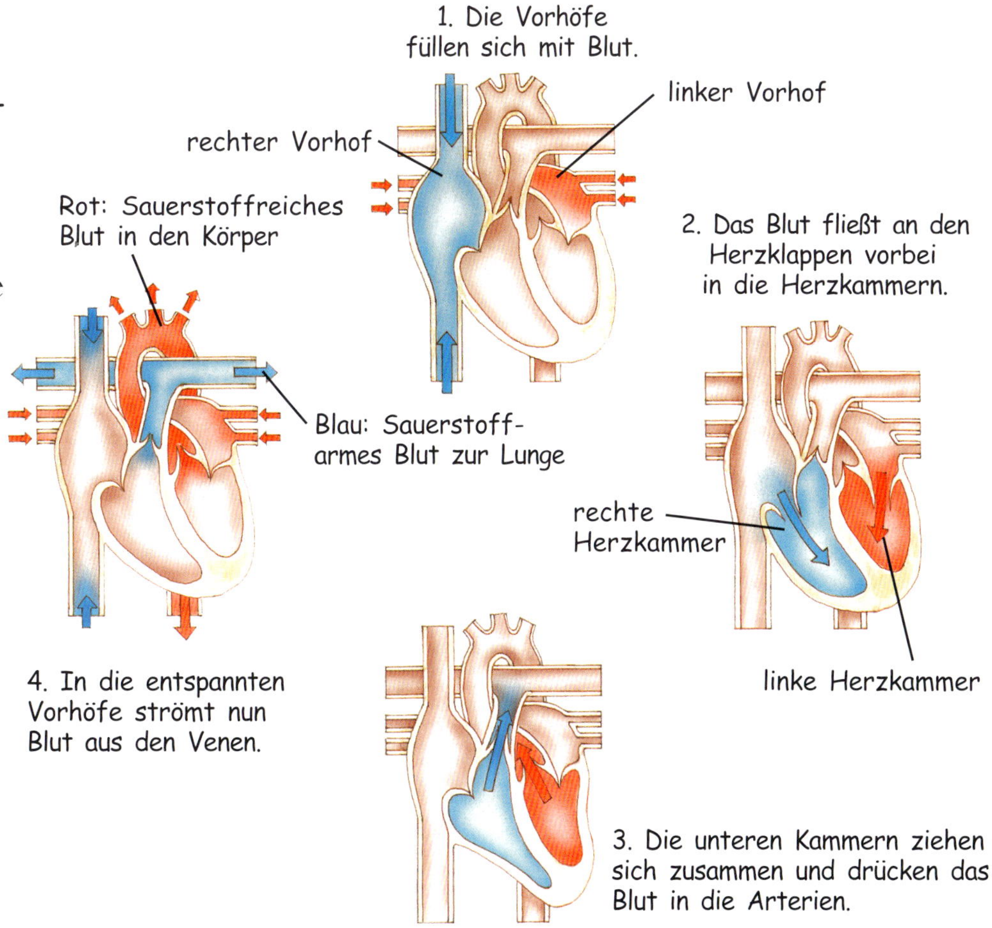

74 Das Herz ist der aktivste Teil des Körpers, darum braucht es viel von der Energie, die das Blut transportiert. Das Blut strömt durch kleine Gefäße, die sich auf der Oberfläche und in der dicken Wand des Herzen verzweigen. Das sind die Herzkranzgefäße.

75 Das Herz schlägt unterschiedlich schnell, je nachdem, was der Körper gerade tut. Wenn die Muskeln aktiv sind, brauchen sie mehr Sauerstoff. Das Herz macht dann 120 und mehr Schläge pro Minute. Ruht der Körper, verlangsamt sich der Herzschlag auf 60 bis 80 Schläge pro Minute.

WIE SCHNELL IST DEIN PULS?

Du brauchst:

Plastiktrichter, Pergamentpapier, Plastikschlauch, Klebeband

Du kannst dein Herz durch einen Schalltrichter (Stethoskop) hören und seine Schläge zählen.

1. Spanne das Pergamentpapier über das weite Ende des Trichters und klebe es fest. Schiebe den Schlauch ein Stück auf das dünne Ende des Trichters.
2. Setze das breite Ende des Trichters auf deine Brust, etwas links von der Mitte. Das Schlauchende hältst du an dein Ohr. Dann hör zu und zähle deinen Herzschlag.

Sehen und hören

76 Mit den Sinnesorganen sammeln wir viele Informationen über unsere Umwelt.

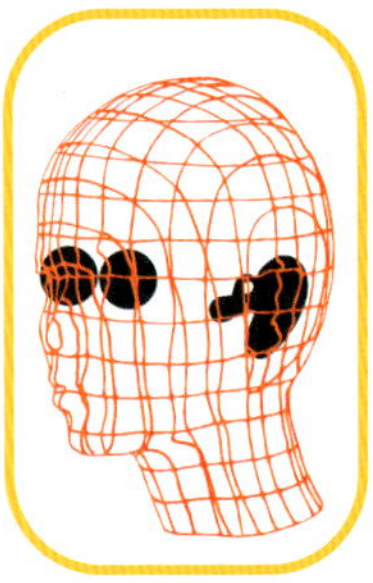

Mit den Sinnesorganen sammeln wir viele Informationen über unsere Umwelt. Unsere wichtigsten Sinnesorgane sind die Augen. Sie erkennen Helligkeit, Farbe und Muster von Lichtstrahlen, verwandeln diese in Nervensignale und senden sie zum Gehirn. Mehr als die Hälfte der Information, die im Gehirn gespeichert sind, wurde durch die Augen aufgenommen.

▶ Sechs kleine Muskeln bewegen das Auge. Das Augeninnere ist mit einer durchsichtigen, geleeartigen Masse gefüllt, dem Glaskörper.

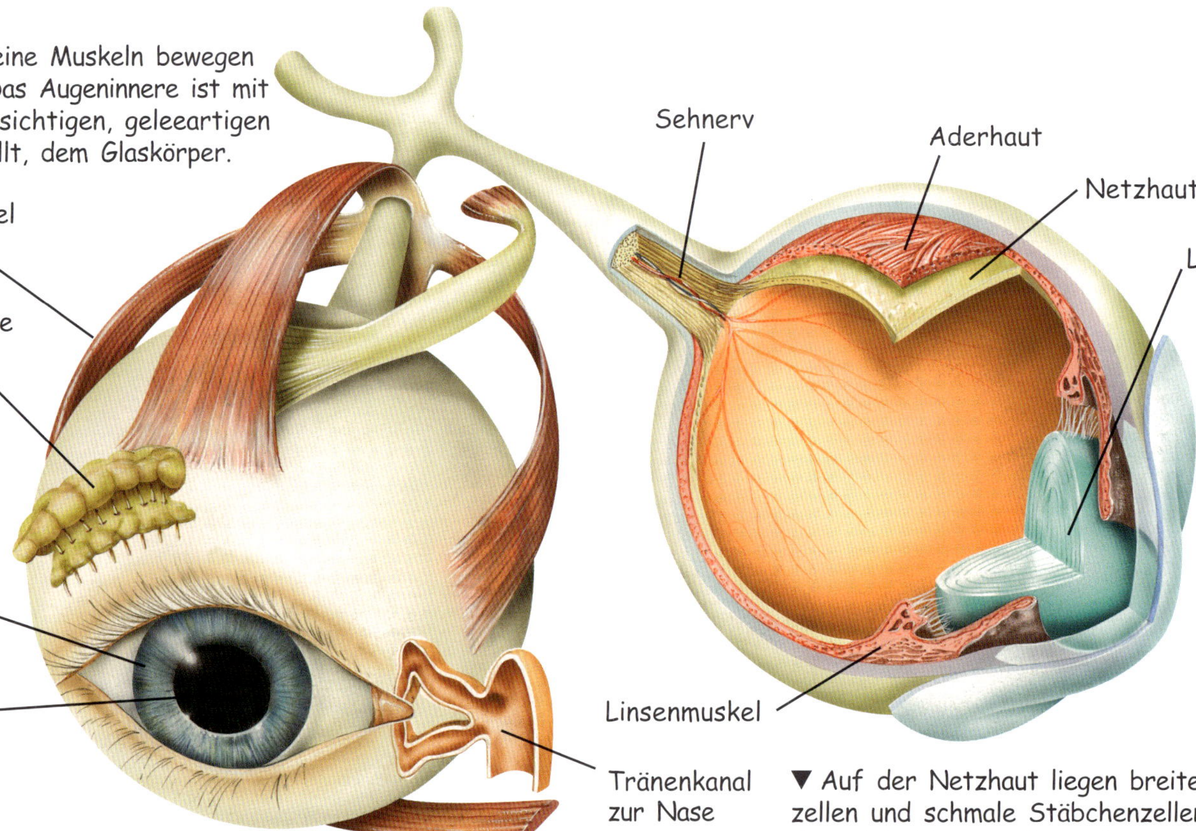

77 Jedes Auge ist eine Kugel von etwa 2,5 cm Durchmesser.

Jedes Auge ist eine Kugel von etwa 2,5 cm Durchmesser. Vorne liegt eine durchsichtige Kuppel, die Hornhaut. Sie lässt Licht durch ein kleines, dunkel aussehendes Loch einfallen – die Pupille. Dann dringt das Licht durch die rundliche Linse. Hier werden die Strahlen gebrochen, sodass auf der inneren Rückseite des Auges, der Netzhaut, ein klares Bild erscheint. Auf der Netzhaut fangen 125 Millionen winziger Nervenzellen in Stäbchen- und Zapfenform das Licht ein.

▼ Auf der Netzhaut liegen breitere Zapfenzellen und schmale Stäbchenzellen, außerdem viele Nervenzellen mit langen Fasern, die sie verbinden.

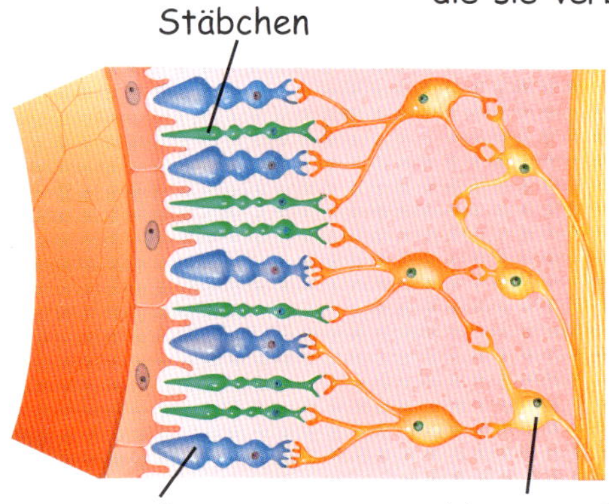

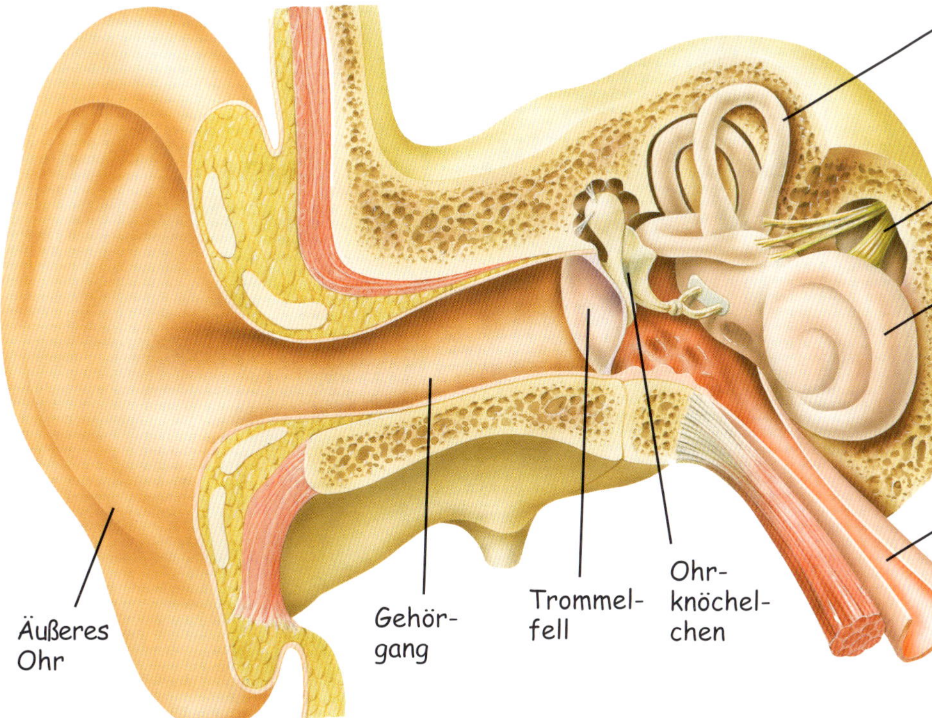

▲ Die meisten Teile des Gehörs sind klein und empfindlich, darum liegen sie im Inneren des Kopfes, gut geschützt durch die Schädelknochen.

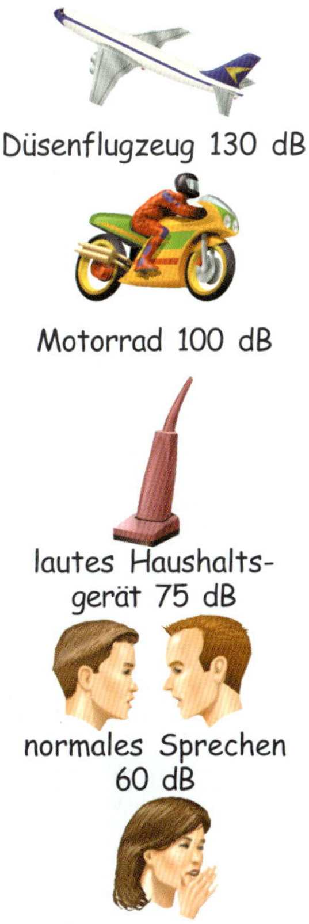

▶ Die Lautstärke eines Geräusches misst man in Dezibel (dB). Geräusche von mehr als 90 dB können das Gehör schädigen.

78 **Das Gehör umfasst viel mehr als die biegsamen Muscheln an den Seiten des Kopfes.** Die Ohrmuschel leitet Geräusche durch einen kurzen Tunnel, den Gehörgang, zu einem gespannten Stück Haut in Fingernagelgröße, dem Trommelfell. Erreicht ein Geräusch das Trommelfell, gerät dieses in Schwingung. Diese Schwingungen werden an drei winzige Knochen im Ohr weitergeleitet. Auch sie vibrieren und geben die Schwingung weiter an die Schnecke.

79 **Im Inneren der Schnecke** setzen sich die Vibrationen in Flüssigkeit fort und bewegen Tausende winziger Härchen, die aus besonderen Zellen wachsen. Wenn diese Härchen vibrieren, erzeugen ihre Zellen Nervensignale, die über den Hörnerv zum Gehirn gelangen.

HELL UND DUNKEL

Sieh deine Augen einmal im Spiegel an. Die schwarze Pupille in der Mitte, durch die Licht eindringt, ist recht klein. Der farbige Ring um die Pupille, die Iris, ist ein Muskelring.

Schließ deine Augen eine Minute, dann öffne sie wieder und sieh sie dir genau an. Wird die Pupille schnell kleiner?

Als die Augen geschlossen waren, hat die Iris die Pupille erweitert, damit mehr Licht eindringen und das Auge auch im Dunkeln etwas erkennen kann. Öffnest du die Augen wieder, verengt die Iris die Pupille, damit das helle Licht nicht blendet.

Riechen und schmecken

▼ Für das Riechen ist ein Bereich im oberen Teil der Nasenhöhle zuständig.

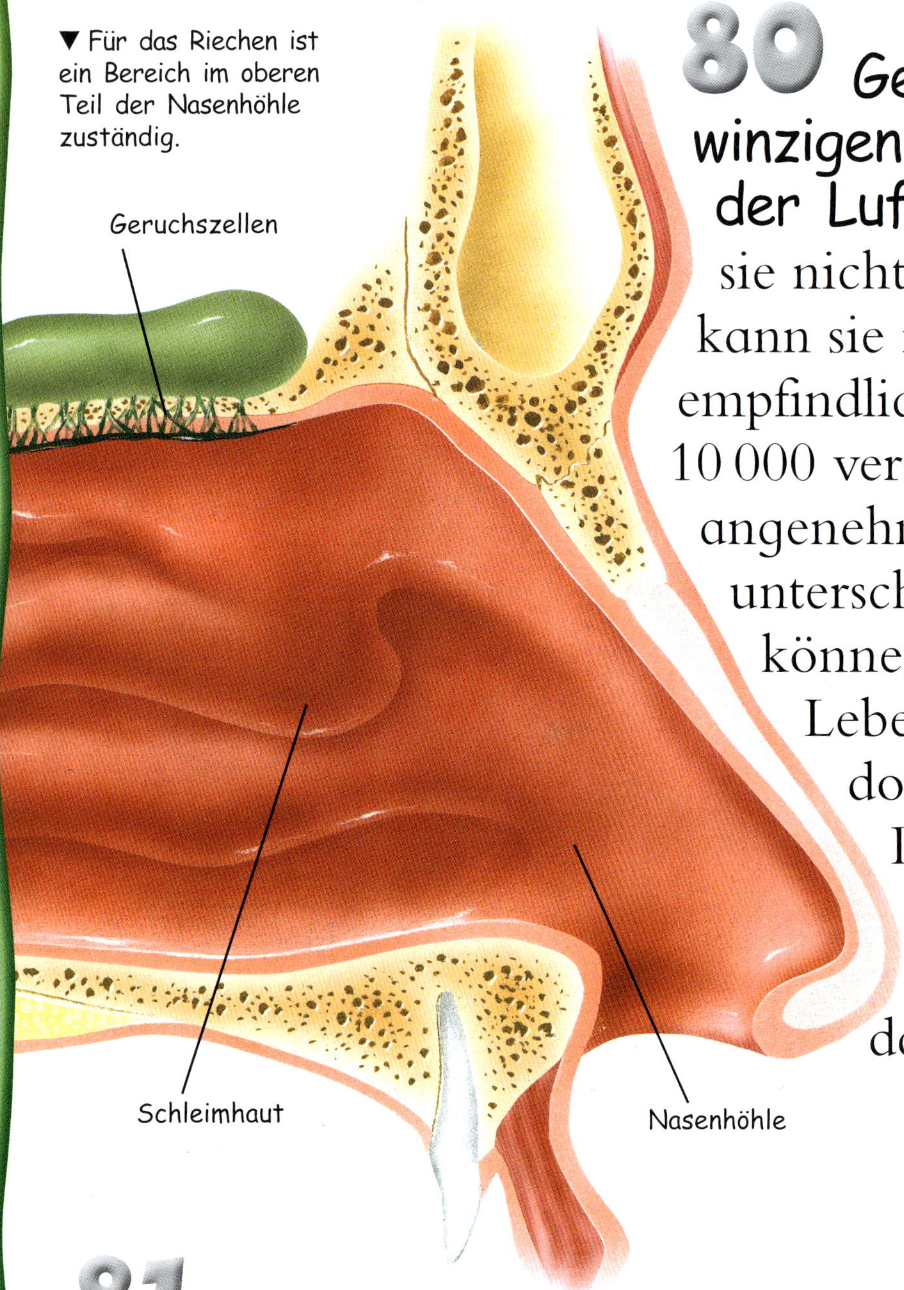

80 Gerüche gehen von winzigen Teilchen aus, die in der Luft schweben. Du kannst sie nicht sehen, aber deine Nase kann sie riechen, denn sie ist sehr empfindlich. Sie kann mehrere 10 000 verschiedene Gerüche – angenehme und unangenehme – unterscheiden. Am Geruch können wir erkennen, ob ein Lebensmittel vielleicht verdorben und schädlich ist. Darum riechen wir oft zuerst an unbekannten Lebensmitteln, ohne darüber nachzudenken.

▼ Die Geruchszellen sind mit winzigen Härchen besetzt, die in die Nasenhöhle ragen. Sie können die Duftteilchen erkennen, die auf ihnen landen.

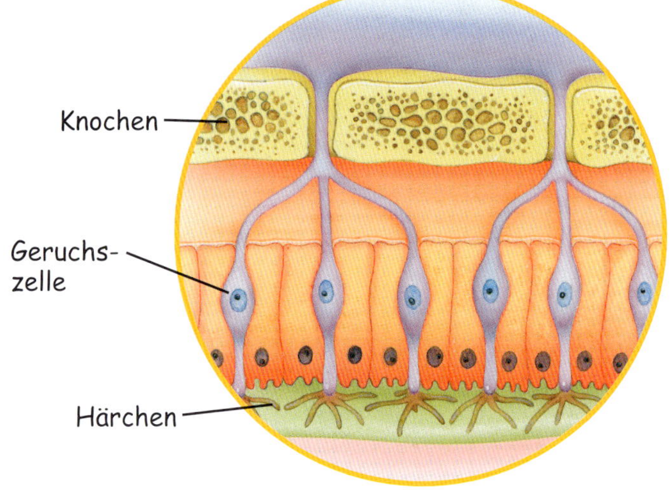

81 Die Geruchsteilchen gelangen mit der eingeatmeten Luft in die Nasenhöhle. Im oberen Teil der Nasenhöhle liegen zwei Flecken von der Größe eines Daumennagels, die mit 250 Millionen winzigen Härchen bedeckt sind. Die Schwebeteilchen landen auf den Härchen. Wenn sie ganz genau auf bestimmte Landeplätze passen, die man Rezeptoren nennt, wird ein Nervensignal über den Riechnerv zum Gehirn geschickt.

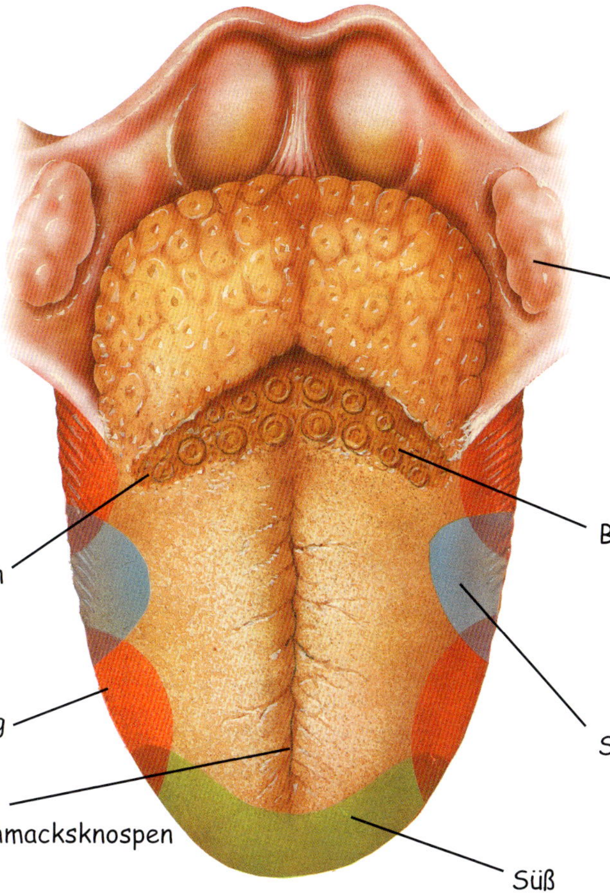

82 Der flexibelste Muskel des Körpers ist mit 10 000 winzigen Sensoren besetzt – es ist die Zunge.

Die Mikrosensoren, die man auch Geschmacksknospen nennt, haben die Form einer winzigen Zwiebel. Die meisten liegen an der Zungenspitze, den Seiten und im hinteren Bereich rings um größere Erhebungen, die Papillen.

◀ Die Geschmacksknospen liegen hauptsächlich am Rand der Zunge. In der Mitte gibt es nur wenige.

83 Der Geschmackssinn funktioniert ähnlich wie der Geruchssinn, doch für Speisen und Getränke.

Die Teilchen berühren winzige Härchen, die aus speziellen Zellen der Geschmacksknospen aufragen. Passen die Teilchen auf bestimmte Rezeptoren, senden die Haarzellen Signale zum Gehirn.

SÜSS UND SAUER

Die Zunge kann nur vier Geschmacksarten erkennen: Süß an der Spitze, salzig an den vorderen Seiten, sauer an den hinteren Seiten und bitter im hinteren Teil.
Welche dieser Nahrungsmittel schmecken süß, salzig, bitter oder sauer?
1. Kaffee 2. Zitrone 3. Speck 4 Eiscreme

Antworten:
1. bitter 2. sauer 3. salzig 4. süß

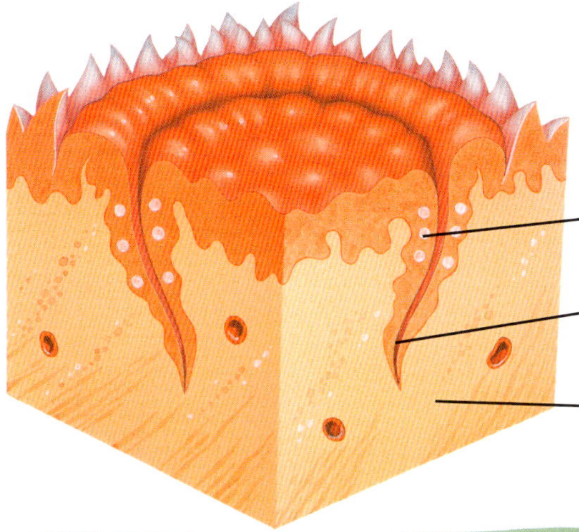

◀ Die größeren Erhebungen im hinteren Teil der Zunge (Papillen) haben in ihren tiefen Spalten winzige Geschmacksknospen.

Das Nervensystem

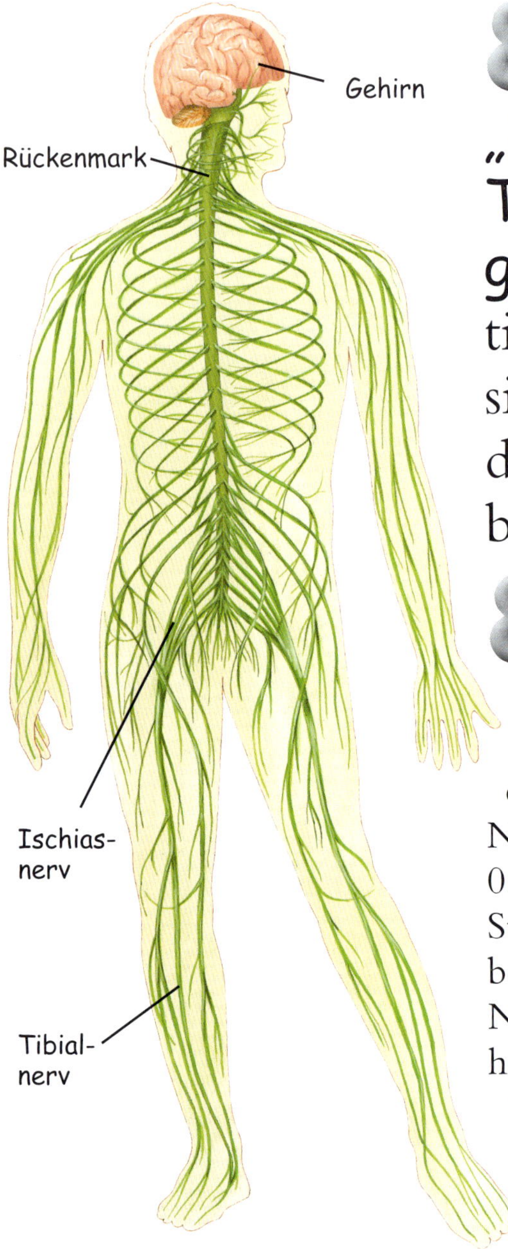

▲ Die Nerven verzweigen sich von Gehirn und Rückenmark aus bis in alle Körperteile.

84 Der Körper ist zwar kein „Nervenbündel", doch er enthält Tausende Kilometer dieser blassen, glänzenden Fäden. Nerven transportieren schwache elektrische Signale. Sie sind ein großes Informationsnetzwerk, das alle Teile des Körpers erreicht, beinahe wie ein körpereigenes Internet.

85 Jeder Nerv besteht aus einem Bündel dünnerer Teilchen, den Nervenfasern. Wie die Drähte in einem Telefonkabel transportieren sie die elektrischen Nervensignale. Ein typisches Nervensignal hat eine Stärke von 0,1 Volt (ein Fünfzehntel der Stärke einer Taschenlampenbatterie). Die langsamsten Nervensignale legen einen halben Meter in der Sekunde zurück, die schnellsten mehr als 100 Meter.

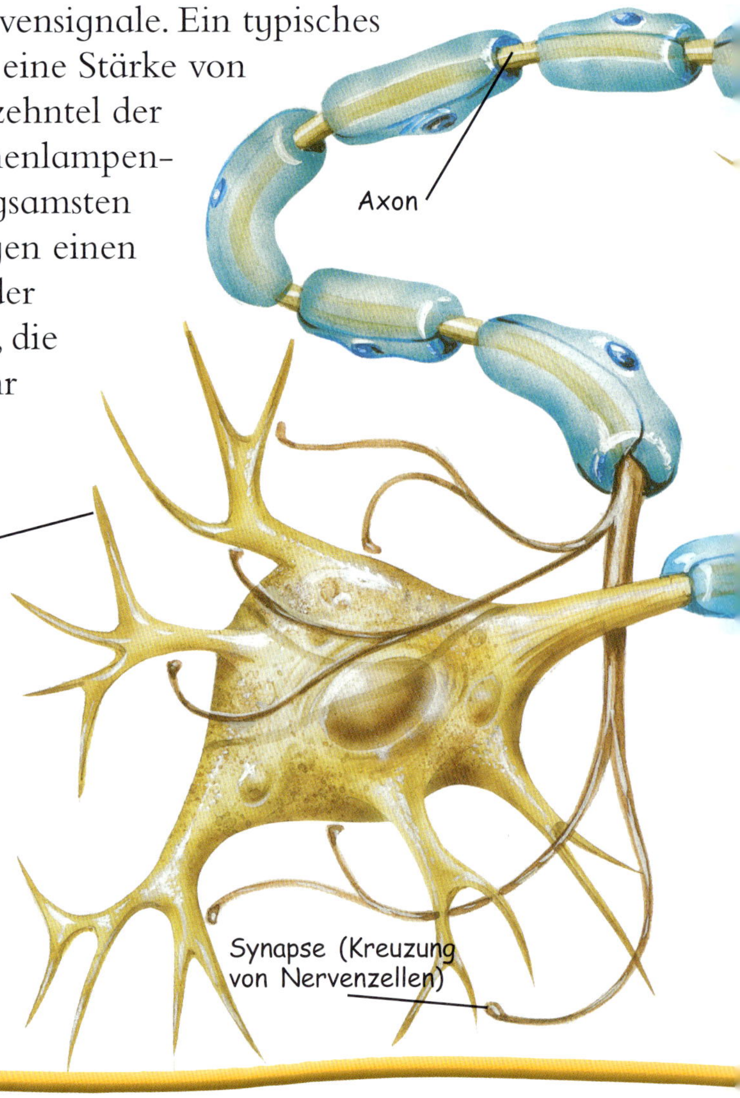

86 Alle Nervensignale sind ähnlich. Man unterscheidet aber die Richtung, in der sie fließen. Sensorische Signale werden von den Sinnesorganen (Ohren, Augen, Nase, Zunge und Haut) ans Gehirn gesandt. Motorische Signale fließen vom Gehirn zu den Muskeln und geben dem Körper Befehle, wie er sich bewegen soll.

REAKTIONSZEIT

Du brauchst:

Freund oder Freundin   Lineal

1. Bitte Freund oder Freundin, das Lineal an dem Ende mit der höchsten Zahl zu halten und hängen zu lassen. Halte deinen Daumen und Zeigefinger ans untere Ende, bereit zum Zupacken.
2. Dann lässt dein Freund das Lineal fallen und du greifst zu. Miss nach, bei welcher Zahl dein Daumen liegt. Dann wechselt euch ab.
3. Wer das Lineal näher am tieferen Punkt schnappt, hat die schnellere Reaktion. Zum Zugreifen müssen Nervensignale vom Auge zum Gehirn und von dort zu den Muskeln in Hand und Arm gelangen.

87 **Hormone gehören zum inneren Steuerungssystem des Körpers.** Es sind chemische Stoffe, die in Drüsen erzeugt und durch das Blut im Körper verteilt werden. Sie bewirken, dass manche Körperteile schneller arbeiten oder bestimmte Stoffe ausschütten.

▼ Die meisten Hormondrüsen sind bei Männern und Frauen gleich, außer den Drüsen der Fortpflanzungsorgane – Eierstöcke bei Frauen (links) und Hoden bei Männern (rechts).

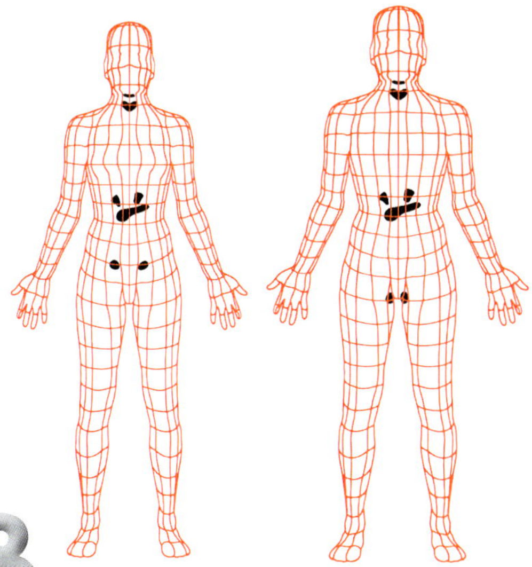

88 **Die wichtigste Hormondrüse ist zugleich die kleinste: die Hirnanhangdrüse.** Sie liegt direkt unter dem Gehirn und steuert die übrigen Hormondrüsen. Eine davon ist die Schilddrüse im Hals, die das Wachstum und das Tempo von Körpervorgängen regelt. Die Bauchspeicheldrüse steuert durch ihr Hormon Insulin die Energieverwertung. Die Nebennierendrüsen regulieren das Gleichgewicht von Wasser und Salzen, aber auch unsere Reaktionen auf Stress und Angst.

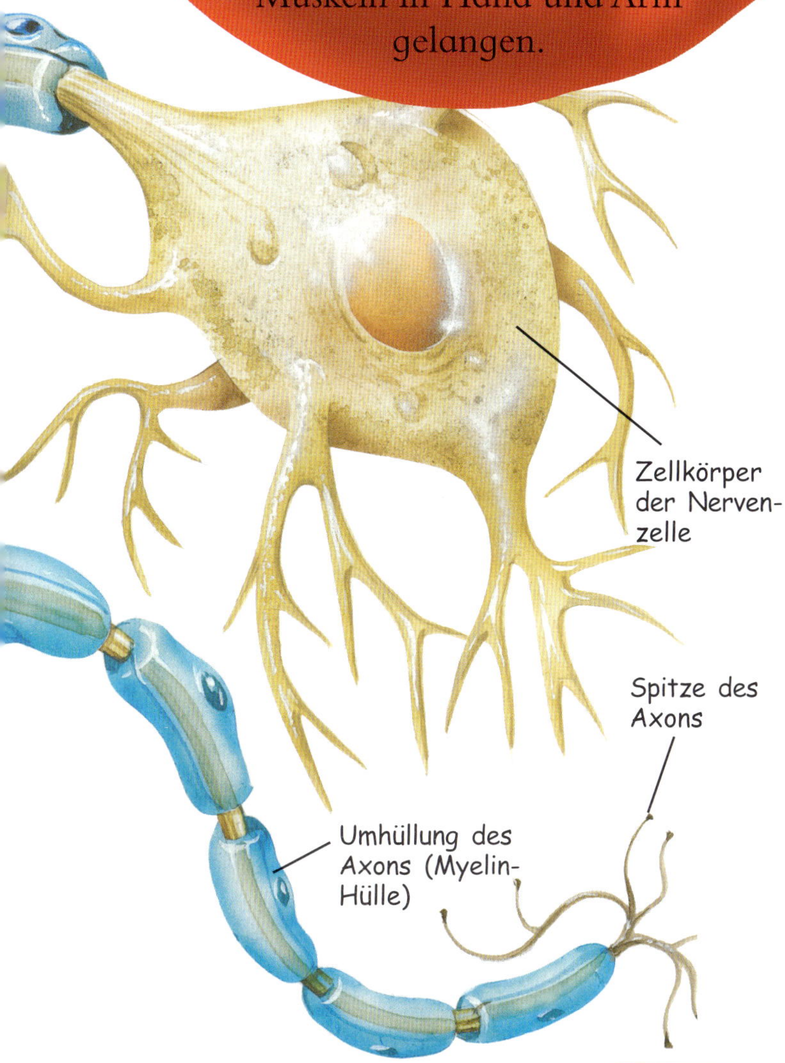

◀ Gehirn und Nerven bestehen aus Milliarden spezieller Zellen, den Nervenzellen oder Neuronen. Jede davon hat Dendriten, winzige Verzweigungen, die Signale empfangen. Ein längerer, dickerer Zweig, Axon genannt, leitet diese Signale weiter.

Das Gehirn

89 **Dein Gehirn ist etwa so groß wie deine beiden Fäuste nebeneinander.** Du brauchst es zum Denken, Erinnern, um froh oder traurig zu sein, zum Staunen, Schlafen und Träumen.

▼ Die beiden runzligen Gehirnhälften (Hemisphären), in denen das Denken stattfindet, machen den größten Teil des Gehirns aus.

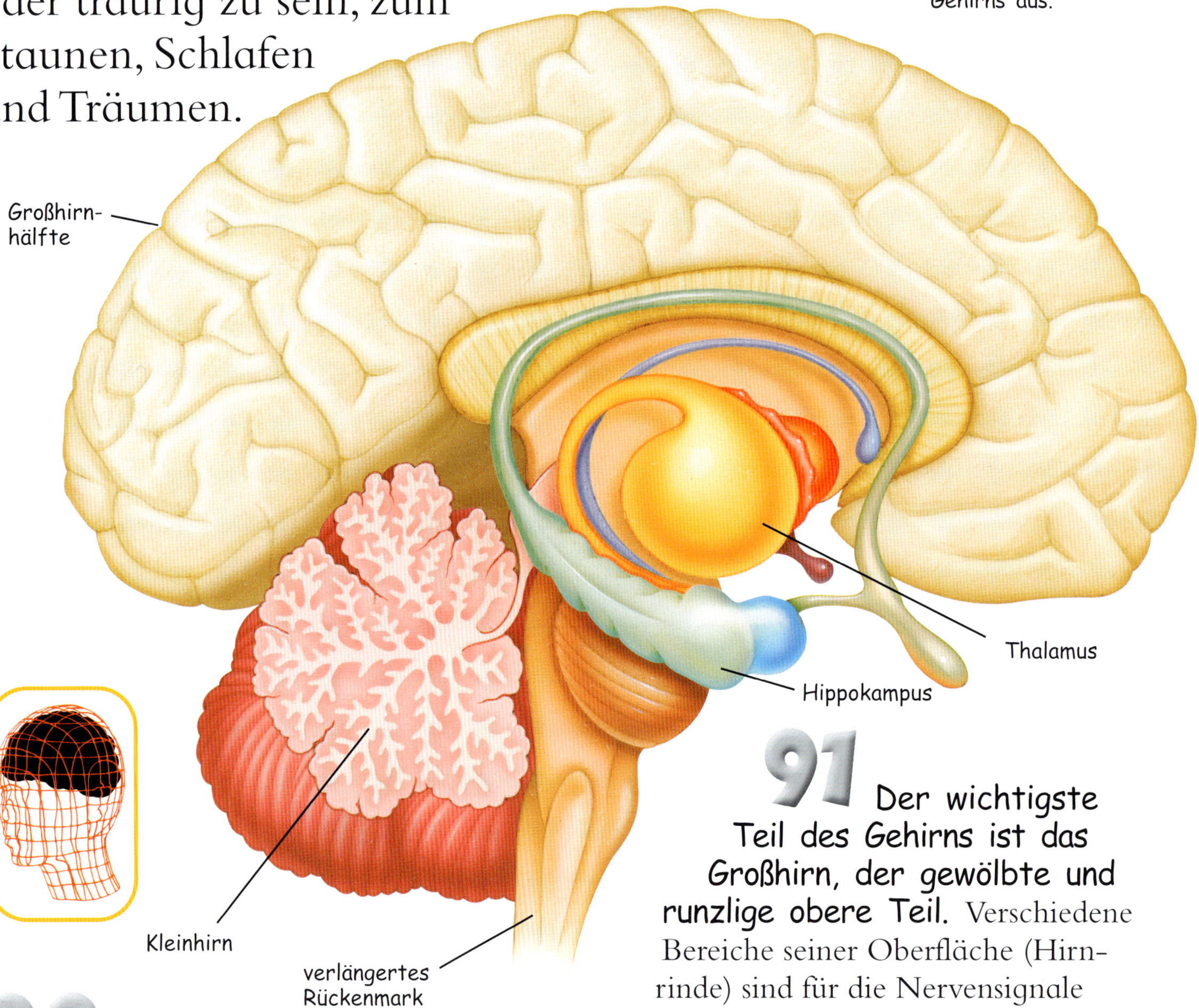

90 **Das Gehirn sieht aus wie ein runzliger Klumpen aus grau-rosa Pudding.** Es wiegt etwa 1,4 Kilogramm. Es bewegt sich nicht, aber seine enorme Nerventätigkeit verbraucht ein Fünftel der gesamten Energie des Körpers.

91 **Der wichtigste Teil des Gehirns ist das Großhirn, der gewölbte und runzlige obere Teil.** Verschiedene Bereiche seiner Oberfläche (Hirnrinde) sind für die Nervensignale aus ganz bestimmten Körperzonen zuständig. Der hintere, untere Teil des Großhirns ist das Sehzentrum. Hier liegen die Gehirnzellen, die das verarbeiten, was die Augen sehen. Andere Bereiche sind für Tastsinn, Gehör, Geschmack und andere Körpervorgänge zuständig.

92 **Das Kleinhirn ist der rundliche, runzlige Teil im hinteren Bereich des Gehirns.** Es verarbeitet Signale aus dem motorischen Zentrum, die dann zu den Muskeln des Körpers gesandt werden. So lernen wir spezielle Bewegungen wie Schreiben, Skateboardfahren oder ein Instrument spielen (oder alle drei), fast ohne darüber nachzudenken.

▼ Verschiedene Bereiche der Hirnrinde sind jeweils für die Signale zuständig, die von einem bestimmten Körperteil kommen oder dorthin gehen.

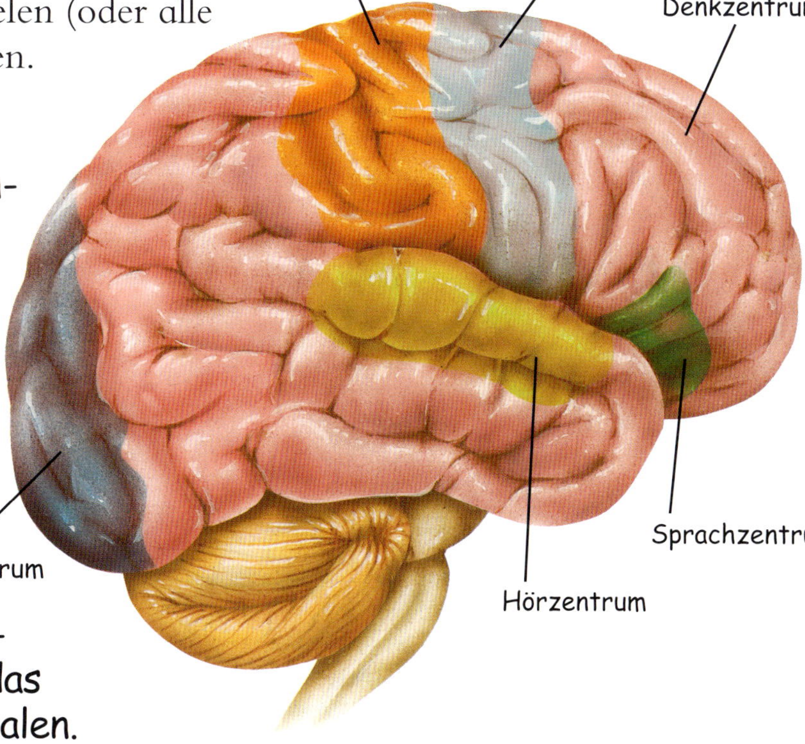

93 **Das verlängerte Rückenmark stellt die Verbindung zwischen dem Gehirn und der größten Nervenbahn des Körpers dar.** Hier werden überlebenswichtige Vorgänge gesteuert, etwa Atmung, Herzschlag, Verdauung und Ausscheidung.

94 **In jeder Sekunde empfängt, verarbeitet und sendet das Gehirn Millionen von Nervensignalen.** Mit speziellen Plättchen, die am Kopf befestigt werden, kann man diese elektrischen Impulse messen und aufzeichnen. Das nennt man EEG oder Elektroenzephalogramm.

▼ Die mit dem EEG aufgezeichneten Gehirnströme unterscheiden sich, je nachdem ob ein Mensch wach ist, angestrengt nachdenkt, ruht, gerade einschläft oder tief schläft.

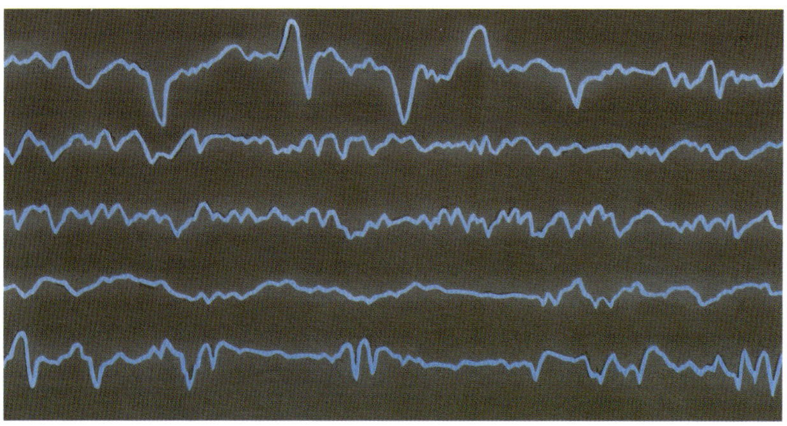

KAUM ZU GLAUBEN!

Das Gehirn schläft nie. Auf dem EEG kann man sehen, dass es nachts fast so viel arbeitet wie am Tag, wenn wir wach sind. Es steuert Herzschlag, Atmung und Verdauung, es verarbeitet die Erlebnisse des Tages und speichert Erinnerungen.

Gesund bleiben

95 **Niemand mag gern krank sein. Es ist ganz einfach, die Gefahr einer Erkrankung zu vermeiden.** Zuerst einmal braucht der Körper die richtigen Mengen bestimmter Nahrungsmittel, vor allem frisches Obst und Gemüse. Aber auch nicht zu viel, sonst droht ungesundes Übergewicht.

96 **Auch regelmäßige Bewegung oder Sport sind für die Gesundheit wichtig.** Bewegung hält die Muskeln kräftig, die Knochen stabil und die Gelenke geschmeidig. Atmung und Puls werden beschleunigt, dadurch werden auch Lunge und Herz trainiert.

◀ Krankheitserreger an den Händen können auf die Nahrung und so in den Körper gelangen. Darum ist es wichtig, sich vor dem Essen die Hände zu waschen. (Auch wenn sie gar nicht schmutzig aussehen.)

97 **Krankheitserreger sind überall – in der Luft, in unseren Körpern und auf fast allem, was wir berühren.** Wer regelmäßig duscht oder badet und sich die Hände wäscht, nachdem er auf der Toilette war oder bevor er isst, gibt den Erregern kaum Chancen.

92 Das Kleinhirn ist der rundliche, runzlige Teil im hinteren Bereich des Gehirns. Es verarbeitet Signale aus dem motorischen Zentrum, die dann zu den Muskeln des Körpers gesandt werden. So lernen wir spezielle Bewegungen wie Schreiben, Skateboardfahren oder ein Instrument spielen (oder alle drei), fast ohne darüber nachzudenken.

▼ Verschiedene Bereiche der Hirnrinde sind jeweils für die Signale zuständig, die von einem bestimmten Körperteil kommen oder dorthin gehen.

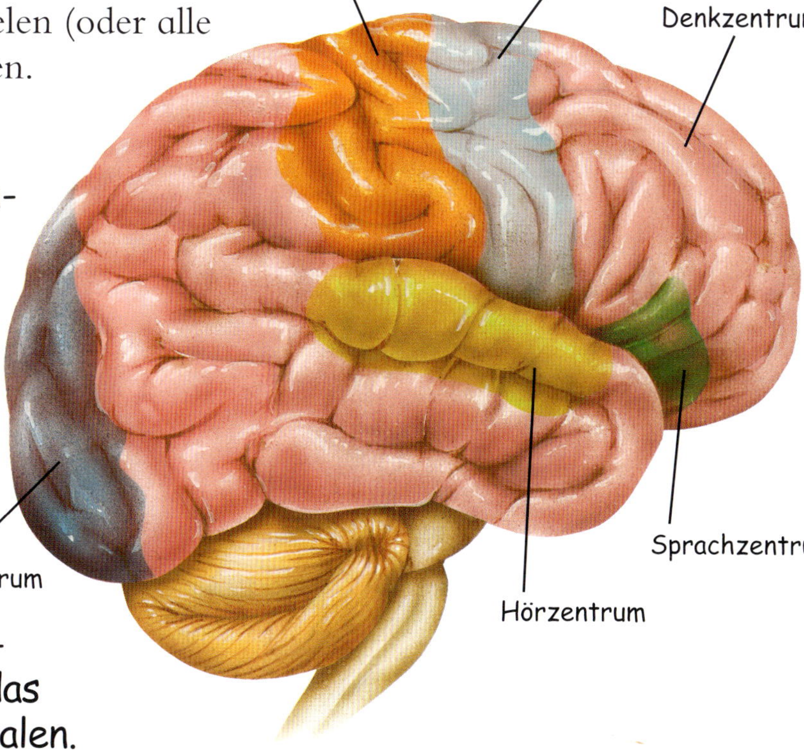

93 Das verlängerte Rückenmark stellt die Verbindung zwischen dem Gehirn und der größten Nervenbahn des Körpers dar. Hier werden überlebenswichtige Vorgänge gesteuert, etwa Atmung, Herzschlag, Verdauung und Ausscheidung.

94 In jeder Sekunde empfängt, verarbeitet und sendet das Gehirn Millionen von Nervensignalen. Mit speziellen Plättchen, die am Kopf befestigt werden, kann man diese elektrischen Impulse messen und aufzeichnen. Das nennt man EEG oder Elektroenzephalogramm.

▼ Die mit dem EEG aufgezeichneten Gehirnströme unterscheiden sich, je nachdem ob ein Mensch wach ist, angestrengt nachdenkt, ruht, gerade einschläft oder tief schläft.

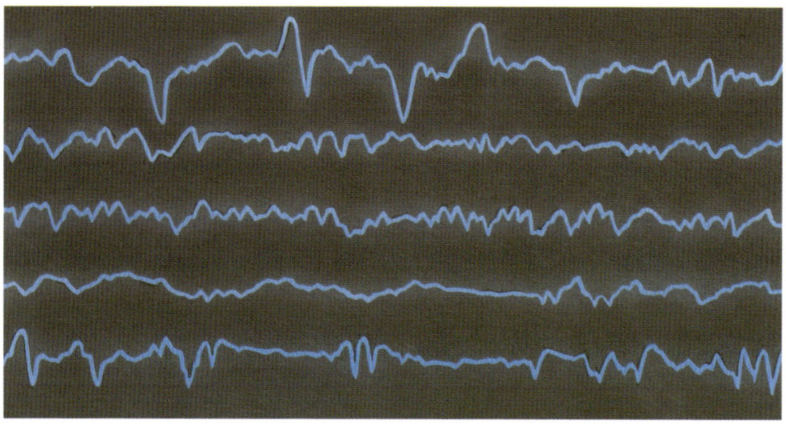

KAUM ZU GLAUBEN!

Das Gehirn schläft nie. Auf dem EEG kann man sehen, dass es nachts fast so viel arbeitet wie am Tag, wenn wir wach sind. Es steuert Herzschlag, Atmung und Verdauung, es verarbeitet die Erlebnisse des Tages und speichert Erinnerungen.

Gesund bleiben

95 Niemand mag gern krank sein. Es ist ganz einfach, die Gefahr einer Erkrankung zu vermeiden. Zuerst einmal braucht der Körper die richtigen Mengen bestimmter Nahrungsmittel, vor allem frisches Obst und Gemüse. Aber auch nicht zu viel, sonst droht ungesundes Übergewicht.

96 Auch regelmäßige Bewegung oder Sport sind für die Gesundheit wichtig. Bewegung hält die Muskeln kräftig, die Knochen stabil und die Gelenke geschmeidig. Atmung und Puls werden beschleunigt, dadurch werden auch Lunge und Herz trainiert.

◄ Krankheitserreger an den Händen können auf die Nahrung und so in den Körper gelangen. Darum ist es wichtig, sich vor dem Essen die Hände zu waschen. (Auch wenn sie gar nicht schmutzig aussehen.)

97 Krankheitserreger sind überall – in der Luft, in unseren Körpern und auf fast allem, was wir berühren. Wer regelmäßig duscht oder badet und sich die Hände wäscht, nachdem er auf der Toilette war oder bevor er isst, gibt den Erregern kaum Chancen.

98 Gesundheit hat aber nicht nur mit dem Körper zu tun.

Zu viele Sorgen und zu großer Stress können Kopfschmerzen, Verdauungsbeschwerden und schlimmere Krankheiten verursachen. Darum ist es wichtig, über Probleme zu reden und sich helfen zu lassen.

◀ Bewegung hält den Körper fit und gesund, aber sie soll auch Spaß machen. Darum ist es wichtig, sich vor Verletzungen zu schützen, etwa mit einem Fahrradhelm.

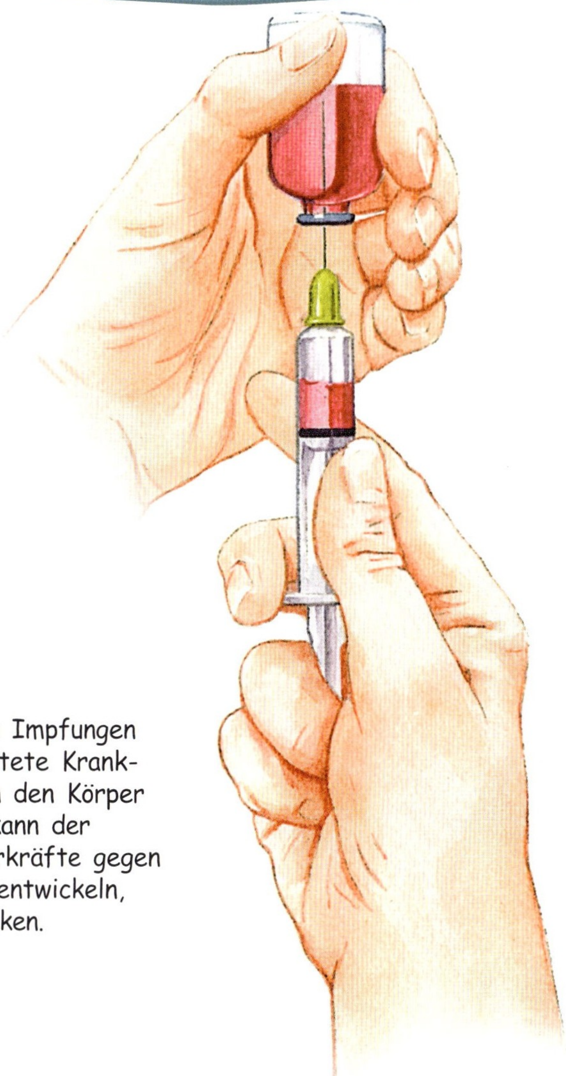

▶ Bei manchen Impfungen werden abgetötete Krankheitserreger in den Körper gespritzt. So kann der Körper Abwehrkräfte gegen die Krankheit entwickeln, ohne zu erkranken.

99 Ärzte und Krankenschwestern helfen Kranken, aber sie tragen auch zur Verhinderung von Krankheiten bei.

Regelmäßige Kontrolluntersuchungen sind wichtig, auch beim Zahnarzt und Augenarzt. Auch Impfungen sind ein wichtiger Schutz vor Krankheiten. Es ist wichtig, rechtzeitig zum Arzt zu gehen, damit nicht aus einem kleinen Problem eine schwere Krankheit werden kann.

100 Die Menschen werden älter.

Manche werden 100 und mehr Jahre alt und ihr Körper arbeitet noch gut. Wie möchtest du deinen hundertsten Geburtstag feiern?

Register

A B C
Alter 47
Arterien 34, 36, 37
Atmung 9, 24-27, 28, 45, 46
Atmungssystem 24, 26-27
Augen 8, 10, 17, 38-39, 42, 44
Babys 8-9, 10-11, 31
Bauchspeicheldrüse 32, 33, 43
Bewegung 21, 46, 47
Blut 29, 34-35, 36, 43
  Herz 37
Blutgefäße 9, 34, 35
  Haut 12, 13
  Knochen 17
  Lunge 26, 27
  Zähne 30
Blutkörperchen 16, 17, 35
Blutkreislauf 34
Blutplättchen 35

D E F G
Darm 32, 33
Dermis 12, 13
Embryo 8
Enzyme 32
Epidermis 12
Ernährung 24, 28-29, 30, 31, 32, 40, 45, 46
Gebärmutter 8, 9
Gehirn 6, 13, 44-45
  Muskeln 23
  Nervensystem 42, 43
  Schädel 16, 17
  Sinne 38, 40, 41
Gelenke 18-19, 46
Geruchssinn 40, 41
Geruchszellen 40
Geschmackssinn 41, 44
Großhirn 44

H I J K
Haare 6, 8, 12, 14-15
Haut 6, 12-13, 14, 15, 42
Herz 6, 16, 23, 34, 36-37, 46
Herz-Kreislauf-System 34
hören 10, 18, 39, 44, 45
Hormone 34, 43
Kapillargefäße 34
kauen 30, 31, 32
Kehlkopf 25
Keratin 12, 14, 15
Kiefer 16, 23, 30
Knochen 6, 16-17, 18, 29, 46
  Finger 15
  Gelenke 18, 19
  Kiefer 30
  Muskeln 20
  Nase 40
  Ohr 39
Knorpel 18, 19, 25
Kreislauf 34

L M
Leber 32, 33, 34
lernen 10, 11, 44
Luftröhre 24, 25, 27
Lunge 9, 16, 24, 25, 26, 34, 36, 46
Magen 31, 32, 33
Mineralien 17, 29, 43
Muskeln 19, 20-23, 34, 37
  Atmung 24, 26, 27
  Auge 38
  Blutgefäße 35
  Herz 36, 37
  Training 46
  Verdauung 32
  Zunge 41

N
Nägel 15
Nährstoffe 9, 32, 33, 34
Nase 24, 25, 40, 42
Nerven 42-43, 44, 45
  Knochen 17
  Muskeln 22, 23
  Schädel 17
  Sinne 13, 15, 38, 39, 40, 41
  Zähne 30
Nieren 35

O P Q
Ohr 8, 39, 42
Ohrknöchelchen 17, 48
Pigmente, Haarfarbe 14
Plasma 35
Plazenta 8, 9
Proteine 28, 29

R S T U
Rippen 16, 17, 27
Sauerstoff 9, 24, 26, 27, 35-36
Schädel 16, 17, 39
Schlaf 9, 10, 26, 27, 44, 45
schmecken 41, 44
Schmerz 12, 13, 17, 30
Sehnen 19
Sehnerv 38
Sinne 13, 15, 38-39
Skelett 8, 16, 17, 18
Speiseröhre 31
Tastsinn 10, 12, 13, 15, 44, 45

V W X Y Z
Venen 34, 36, 37
Verdauung 29, 32-33, 45
Wachstum 10-11, 14, 15, 29, 31, 43
Wirbelsäule 16, 17, 19
Zahnbein 30, 31
Zähne 29, 30-31
Zahnschmelz 30, 31
Zellen
  Baby 8
  Blut 16, 17, 35
  Gehirn 44
  Geruchssinn 40
  Haare 39
  Haut 12
  Nerven 43
  Netzhaut 38
Zunge 31, 41, 42
Zwerchfell 24, 27